Geschlechtspolitische Debatten
in der *Jungen Freiheit*

»Substanz«

Marta press

Christopher Fritzsche

Geschlechtspolitische Debatten in der *Jungen Freiheit*

Marta press

Die Deutsche Bibliothek verzeichnet diese Publikation
in der Deutschen Nationalbibliografie.
Detaillierte bibliografische Daten sind im Internet abrufbar unter
http://dnb.d-nb.de

Besuchen Sie uns im Internet:
www.marta-press.de

1. Auflage September 2019

Printed in Germany.
ISBN 978-3-944442-89-1

Vorwort

Dieses Buch ist eine erweiterte Version meiner Master-Arbeit aus dem Frühjahr 2017. Die darin enthaltenen empirischen Beispiele stehen exemplarisch für auch heute noch höchst aktuelle Debatten rund um Geschlecht, Migration und Pädagogik. Da diese sich häufig komplex gestalten und ineinander verschränken, bedarf es einer Kombination verschiedener Analyseperspektiven, um ihre Wirkungsweise und Reichweite umfassend betrachten zu können. Insbesondere zur dringend notwendigen Verzahnung von Geschlechter- und Rechtsextremismusforschung soll dieses Buch einen Beitrag leisten. Darüber hinaus ist es als Hilfestellung für diejenigen gedacht, die den Werdegang einer diskursanalytischen Untersuchung jenseits abstrakter Theoriedebatten nachvollziehen möchten.

Auf dem Weg zu dieser Veröffentlichung haben mich einige Menschen intensiv begleitet. Mein Dank für Feedback, Zuspruch und Ermutigung geht an Amelie, Laura, Benjamin, Milena, Gesine, Juliane und Nina. Außerdem bedanke ich mich bei meinen Kolleg*innen im REVERSE-Projekt an der Universität Marburg für die anregenden Diskussionen und beim Team von Marta Press für die Möglichkeit zur Publikation und die vertrauensvolle Begleitung auf dem Weg dahin.

Christopher Fritzsche
Berlin, der 10. Juni 2019

Inhalt

Abkürzungsverzeichnis

AfD	Alternative für Deutschland
BVG	Bundesverfassungsgericht
CDA	Critical Discourse Analysis
CDU	Christlich Demokratische Union
CSU	Christlich-Soziale Union
DF	Dansk Folkeparti
DHA	Discourse Historical Approach
DRP	Deutsche Reichspartei
DVU	Deutsche Volksunion
EG	Europäische Gemeinschaft
EU	Europäische Union
FDP	Freie Demokratische Partei
FKBF	Förderstiftung Konservative Bildung und Forschung
FPÖ	Freiheitliche Partei Österreichs
GM	Gender Mainstreaming
IfS	Institut für Staatspolitik
JF	Junge Freiheit
NPD	Nationaldemokratische Partei Deutschlands
NSDAP	Nationalsozialistische Deutsche Arbeiterpartei
PEGIDA	Patriotische Europäer gegen die Islamisierung des Abendlandes
RE	Rechtsextremismus
REP	Die Republikaner
SPD	Sozialdemokratische Partei Deutschlands
UKIP	United Kingdom Independence Party

1. Einleitung

„Ich möchte
diese archaische Kultur
und die entwürdigende Sicht auf die Frau
nicht in meinem Land verankert wissen.
Wo alle Feministinnen, Grünen und linken Gutmenschen
kläglich versagen,
setze ich mich gegen die Unterdrückung der Frau,
der Homosexuellen, der Juden, der Christen
und anderer Religionsgruppen,
die in den Augen des Islams minderwertig sind, ein.“[1]

Wenn die extreme Rechte mediale Aufmerksamkeit erhält, stehen dabei meist spezifische Elemente im Mittelpunkt: neue Organisationsformen, Gewalttaten, die Verbindung zu Parteien oder öffentlichkeitswirksame Aktionen, die rassistische, antisemitische oder geschichtsrevisionistische Positionen transportieren. Ähnliches gilt für die Wahrnehmung des Spektrums der Neuen Rechten. Dieses fungiert als Bindeglied zwischen Rechtsextremismus und Konservatismus und versucht Themen des rechten Randes in den Debatten der sogenannten gesellschaftlichen Mitte zu platzieren.[2] Auch hier konzentriert sich die Diskussion vorrangig auf organisatorische Aspekte, sowie auf neurechte Positionen in der Migrations-, Wirtschafts- und Familienpolitik. Eine dezidierte Betrachtung geschlechtspolitischer Facetten der angeführten Phänomene kommt je-

---

[1] Alice Weidel, Mitglied des AfD-Bundesvorstandes, am 11.10.2016 in der Jungen Freiheit (vgl. Weidel 2017)

[2] Für mich existieren Überschneidungen zwischen dem rechtsextremen und neurechten Spektrum, was ich in Unterkapitel 3.1 ausführlicher begründe. Dieses Ineinanderübergehen der Phänomene hat zur Folge, dass ich im Verlauf der Arbeit beständig über beide schreibe und sie nicht immer trennscharf voneinander abgrenze.

doch oft zu kurz. Dabei boten die vergangenen Jahre einige Anlässe, die Rolle von Geschlechterbildern im Bereich der extremen und Neuen Rechten näher zu hinterfragen. Insbesondere in diskursiven Auseinandersetzungen schien der Faktor Geschlecht an Bedeutung zu gewinnen, wobei auf den ersten Blick überraschenderweise eine Pluralisierung geschlechtspolitischer Positionen zu beobachten war. Dies zeigte sich exemplarisch in den Debatten nach den sexuellen Übergriffen der Kölner Silvesternacht zum Jahreswechsel 2015/16. RechtsextremistInnen[3] und VertreterInnen der Neuen Rechten führten die Straftaten der aus dem nordafrikanischen und arabischen Raum[4] stammenden Täter auf deren patriarchales Frauenbild zurück und behaupteten, dieses sei nicht mit den in Deutschland geltenden Wertevorstellungen vereinbar. Gleichzeitig konstatierten sie, dass die Gleichheit der Geschlechter in der Bundesrepublik bereits erreicht sei und entschieden gegen Angriffe von ‚außen' verteidigt werden müsse. Aus dem Kontext dieser Debatte stammt auch das eingangs angeführte Zitat der AfD-Politikerin Alice Weidel, in welchem diese sich als Kämpferin gegen die Unterdrückung von Frauen und religiösen Minderheiten inszeniert. Weidel bringt diese Position in Abgrenzung zu „Feministinnen, Grünen und linken Gutmenschen" vor, was verwundert, da diese ihr Anliegen eigentlich teilen müssten. Diese Unstimmigkeit ist bereits ein erster Hinweis darauf, dass ihr Statement verschiedene politische Implikationen aufweist. Es ist nicht nur ein Bekenntnis zur religiösen und geschlechtlichen Emanzipation, sondern auch Teil einer politischen Auseinandersetzung darüber, wer diese Anliegen vertritt

---

[3] Was die geschlechtliche Benennung von Personen angeht, bewege ich mich in einem Spannungsfeld: Zum einen fühle ich mich dem Konzept des Gendersternchens verpflichtet, das den Ausschluss von Frauen, Trans- und Intersexuellen im generischen Maskulin zu vermeiden hilft. Gleichzeitig setze ich mich mit der extremen Rechten auseinander, in deren Selbstverständnis es keine weiteren Geschlechter, sondern nur Männer und Frauen gibt. Ein konsequentes Gendern der Bezeichnungen in diesem Bereich wäre euphemistisch und irreführend (Lent und Trumann 2015: 11; Sanders et al. 2014: 5). Deshalb verwende ich abhängig vom Kontext auch das Binnen-I.

[4] Ich konkretisiere diese hier bewusst allgemein gehaltene Formulierung an gegebener Stelle.

und vertreten darf. Möglicherweise sind die geschlechtspolitischen Debatten der Neuen Rechten also komplexer als Alltagsvermutungen es nahelegen. Dafür sprechen auch die dort geführten Auseinandersetzungen mit den Themen Gender Mainstreaming (GM) und geschlechterreflektierende Pädagogik. Diese sind für extrem rechte und neurechte Gruppen zu einem regelrechten Feindbild geworden, das sie beständig und vehement attackieren. So etwa auch im Rahmen der ab 2013 organisierten Proteste gegen die Einführung eines neuen Bildungsplans in Baden-Württemberg, der unter anderem die Stärkung des Aspektes der sexuellen Vielfalt im Schulunterricht zum Ziel hatte. Das Anliegen der Demonstrierenden war es hier, die von ihnen als „Gender-Ideologie" verstandenen neuen Lehrinhalte als eine Gefahr für die freie Entwicklung von Familien und Kindern zu brandmarken, der entschlossen entgegengetreten werden müsse. Dabei kam es zu einer bemerkenswerten Umdeutung von Begriffen und Konzepten, so dass die Befürworter*innen der Reformpläne in die Defensive gerieten und das Papier schließlich von der Landesregierung abgeschwächt wurde.

Die beiden angeführten Beispiele verdeutlichen zunächst, dass rechtsextreme und neurechte Debatten und Aktionen sich durchaus um geschlechtspolitische Themen herum entwickeln. Des Weiteren weisen sie auf eine potentielle Pluralisierung, zumindest aber auf eine Veruneindeutlichung geschlechtspolitischer Positionen in diesem Bereich hin. Beides wäre erklärungsbedürftig. Weder die öffentliche Debatte noch die „klassisch" politikwissenschaftliche Rechtsextremismusforschung nahmen sich jedoch bisher dieses Phänomens an. Vielmehr existiert meiner Ansicht nach in der etablierten Forschung stellenweise die implizite Annahme, dass sich die Geschlechterbilder und geschlechtspolitischen Positionen im extrem rechten und neurechten Spektrum unter dem Druck der allgemeinen gesellschaftlichen Modernisierung liberalisiert hätten. Wie umfassend diese Liberalisierung tatsächlich ist und welche Relevanz sie beispielsweise für das diskursive Agieren der Neuen Rechten besitzt, wird dabei kaum hinterfragt. Stattdessen dominieren in der ohnehin schwach ausgeprägten Untersuchung von geschlechtsspezifischen Aspekten weiterhin die „traditionellen" Fragen nach dem Wahlverhalten sowie den Einstellungsmustern von Frauen und Männern.[5]

Dabei ist die Veruneindeutlichung geschlechtspolitischer Positionen der Neuen Rechten meiner Ansicht nach über die Liberalisierungsidee hinaus erklärungsbedürftig. Insbesondere dann, wenn man im Rückgriff auf die frühe Autoritarismusforschung und Kritische Theorie Rechtsextremismus als komplexes psychologisches Einstellungssyndrom auffasst, dessen einzelne Bestandteile sich nicht ohne weiteres verändern können. Durch diese aus der gegenwärtigen Forschung weitgehend verschwundene Theorieperspektive angeregt, widme ich mich in der vorliegenden Arbeit der detaillierten Untersuchung der geschlechtspolitischen Positionen der Neuen Rechten. Zur Bestimmung dieser Haltungen untersuche ich die Berichterstattung rund um die Kölner Silvesternacht und die Bildungsreform in Baden-Württemberg in der Wochenzeitung *Junge Freiheit* (JF). Dieser kommt als publizistischem Leitmedium der Neuen Rechten eine besondere Funktion für die Aufbereitung extrem rechter und neurechter Inhalte für den Mainstream zu. In der Auseinandersetzung mit den Texten interessiert mich zunächst grundlegend, welche geschlechtspolitischen Positionen in den Artikeln auftauchen. Im Anschluss daran untersuche ich, wie diese semantisch und argumentativ hervorgebracht werden und eventuell miteinander verbunden sind. Ich gehe davon aus, dass argumentativen Mustern eine entscheidende Rolle bei der Veruneindeutlichung inhaltlicher Aussagen zukommt. Von den Ergebnissen der Untersuchung erhoffe ich mir Rückschlüsse auf das diskursive Agieren der Neuen Rechten im Hinblick auf geschlechtspolitische Themen. Gleichzeitig kann diese übergeordnete Fragestellung nur den erkenntnisleitenden Rahmen

---

[5] Obwohl ein Anliegen meiner Arbeit ist, die soziale und diskursive Konstruktion von Geschlechterrollen, Heterosexualität und Zweigeschlechtlichkeit zu beleuchten, verwende auch ich Formulierungen, welche die zweigeschlechtliche Matrix stabilisieren, wenn ich Konzepte aus der Mainstream-Wissenschaft und anderes referiere. Dieses Spannungsverhältnis kann ich an dieser Stelle nicht auflösen.

meiner Arbeit bilden, da mein Fokus auf der Feinanalyse des Materials liegt. Anleiten lasse ich mich bei meiner Untersuchung von dem Discourse Historical Approach (DHA), der als Forschungsansatz aus dem Spektrum der Critical Discourse Analysis (CDA) die Rolle sprachlicher Praktiken bei der Konstruktion von Wirklichkeit und Bedeutung in den Blick nimmt. Mit der Anwendung einer diskursanalytischen Methode betrachte ich bewusst linguistische Aspekte des Untersuchungsgegenstandes, die in der etablierten Forschung zu kurz kommen. In Bezug auf die sprachlichen Praktiken fokussiere ich mich besonders darauf, wie argumentative Fehlschlüsse (Fallacies) und Vorstellungsbilder (Topoi) an der Hervorbringung der geschlechtspolitischen Positionen der Jungen Freiheit beteiligt sind. In der Diskussion meiner Fundstellen argumentiere ich, dass gerade diese sprachlichen Strukturen dabei helfen, ambivalente geschlechtspolitische Haltungen in den Texten scheinbar widerspruchsfrei nebeneinander stehen zu lassen. Dieses Ergebnis beantwortet meine Fragestellung im engeren Sinne. Zudem scheint mir die uneindeutige geschlechtspolitische Positionierung der *Jungen Freiheit* ein Ausdruck ihrer Scharnierfunktion an der Schnittstelle zwischen Konservatismus und Rechtsextremismus zu sein. Des Weiteren stelle ich in Bezugnahme auf die frühe Autoritarismusforschung zur Diskussion, dass das uneindeutige Nebeneinander diskriminierender Inhalte und vermeintlich progressiver Positionen als Ausdruck der Notwendigkeit bewertet werden kann, die psychologisch weitgehend konstanten Komponenten rechter Weltbilder mit den Anforderungen der gesellschaftlichen Liberalisierung aussöhnen zu müssen.

2. Die Kulisse neurechter Diskurse

Der von mir in dieser Arbeit verfolgte diskurshistorische Ansatz verlangt, die gewählten Fallbeispiele zu Beginn der Analyse möglichst umfassend zu beleuchten. Ziel dieser Kontextualisierung ist es, sich den Untersuchungsgegenstand nicht nur in seinen gegenwärtigen Details, sondern auch in einem größeren historischen und politischen Rahmen zu erschließen. Erst dann können beispielsweise Kontinuitäten zwischen aktuellen und vergangenen Debatten herausgearbeitet werden. Deshalb stelle ich in diesem Kapitel wesentliche Elemente rechter Diskurse rund um die bundesdeutsche Asyl- und Migrationspolitik sowie Fragen der Geschlechterforschung und -politik vor. Meine Absicht ist es, anhand relevanter Ereignisse und Schlagworte einführend zu rekonstruieren, wie sich in den beleuchteten Diskursen spezifische Erzählungen der Vergangenheit oder der jüngeren Gegenwart ausbilden. Der diskurshistorische Ansatz geht davon aus, dass diese Perspektiven sinnstiftend für die Interpretation und Bewältigung der Gegenwart sind, aktuellen Phänomene also eine Bedeutung und einen Platz in der Geschichte zuweisen (Wodak et al. 1994: 12 ff).

2.1 Hetze gegen Asylsuchende, Migranten und Muslime

Wichtige Stichworte und Motive gegenwärtiger Diskussionen um die deutsche Migrations- und Asylpolitik gehen auf Debatten zurück, die bereits deutlich vor der Wiedervereinigung in der Bundesrepublik aufkamen. So führte bereits die planmäßige Anwerbung von ausländischen Arbeitsmigrant*innen aus Mittel- und Osteuropa zwischen 1955 und 1973 zu gesellschaftlichen Auseinandersetzungen darüber, ob sich die damalige BRD als Einwanderungsland verstehen solle. Nachdem das für die externen Fachkräfte ursprünglich vorgesehene Rotationsprinzip scheiterte und die vermeintlichen „Gastarbeiter“ sich um den Nachzug ihrer Familien bemühten, stand die bisherige Migrationspolitik der Bundesregierung zur Diskussion, was der extremen Rechten Interventionsmöglichkeiten eröffnete. Die 1964 gegründete Nationaldemokratische Partei Deutschlands (NPD) warnte medienwirksam vor einer drohenden „Überfremdung“[6] und zog mit Forderungen wie „Deutsche Arbeitsplätze nur für Deutsche“ zwischen 1966 und 1968 in sieben westdeutsche Landtage ein (Winter 2004: 58). Durch den 1973 von der damaligen Regierungskoalition aus SPD und FDP verhängten Anwerbestopp für ausländische Arbeitnehmer*innen sah sich das Umfeld der Partei in ihren Positionen bestärkt. Als ab 1980 die Anzahl der Asylgesuche in der BRD erstmals die symbolische Grenze von 100.000 im Jahr überschritt, weiteten rechtsextreme und neurechte PolitikerInnen und AutorInnen das Motiv der „Überfremdung“ noch aus. Insbesondere nach der Wiedervereinigung traten die Schlagwörter des „aussterbenden Volkes“ sowie das der zunehmenden ökonomischen Konkurrenz zwischen Flüchtlingen und Deutschen neben das der drohenden „Überflutung“ (Mantino 1992: 153ff.; Venner 1994: 76ff.). Die im Zusammenhang mit dem Jugoslawienkrieg 1992 auf über 400.000 im Jahr angestiegenen Asylgesuche schien diese Szenarien zu stützen.

Gleichzeitig kam der Bedrohungsdiskurs der „Inneren Sicherheit“ auf, der angesichts der vermeintlichen Ausländerkriminalität einen „permanenten Ausnahmezustand“ suggerierte (Metzger 2004: 251f.) Die Anschläge auf Flüchtlingsunterkünfte in Hoyerswerda (1991), Mölln und Rostock-Lichtenhagen (1992) sowie in Solingen

---

[6] Die NPD hat das Bedrohungsszenario der „Überfremdung“ nicht erfunden. Deutschnationale Akteure prägten das Wort, welches das vermeintliche Überhandnehmen „fremdartiger“ und bedrohlicher Einflüsse beschreiben soll, bereits in der Kaiserzeit, allerdings mit vorrangig antisemitischer Konnotation. Im Nationalsozialismus war es wesentlicher Bestandteil sozialdarwinistischer, rassistischer und antisemitischer Propaganda.

(1993) waren nicht nur Ausdruck der zunehmenden rechtsextremen Militanz, sondern auch Ergebnis der verschärften Anti-Asyl-Diskurse von rechts. Parallel dazu bemühten sich VertreterInnen der Neuen Rechten um eine weitere Verengung des Schutzstatus von Flüchtlingen, indem sie den Begriff der politischen Verfolgung generell in Frage zu stellen suchten (Kornexl 2008: 203ff.). Die beständige Agitation zeigte Wirkung: der 1992 mit den Stimmen von CDU/CSU, FDP und SPD verabschiedete „Asylkompromiss" verankerte parallel zum Dubliner Abkommen der Europäischen Gemeinschaft das Prinzip der sicheren Herkunftsländer und Drittstaaten im Grundgesetz[7], was die Anzahl der jährlichen Asylgesuche deutlich sinken ließ.

Eine erneute diskursive Verschärfung des Einwanderungs- und Asyldiskurses von rechts fand ab etwa 2014 statt, als das im Dublin-System angelegte europaweite Verteilungssystem in Folge eskalierender Bürgerkriege im Irak, in Syrien und Somalia an seine Grenzen zu stoßen begann. Vor allem die südosteuropäischen Mitgliedsländer der Europäischen Union (EU) waren damit überfordert, die zunehmende Ankunft von Geflüchteten an den europäischen Außengrenzen organisatorisch zu bewältigen. Diese Entwicklung hatte

---

[7] Die ursprüngliche Formulierung *„Politisch Verfolgte genießen Asylrecht"* in Artikel 16 des Grundgesetzes wurde dabei unter anderem um die folgenden Absätze ergänzt: *(2) Auf Absatz 1 kann sich nicht berufen, wer aus einem Mitgliedsstaat der Europäischen Gemeinschaften oder aus einem anderen Drittstaat einreist, in dem die Anwendung des Abkommens über die Rechtsstellung der Flüchtlinge und der Konvention zum Schutze der Menschenrechte und Grundfreiheiten sichergestellt ist. Die Staaten außerhalb der Europäischen Gemeinschaften, auf die die Voraussetzungen des Satzes 1 zutreffen, werden durch Gesetz, das der Zustimmung des Bundesrates bedarf, bestimmt. In den Fällen des Satzes 1 können aufenthaltsbeendende Maßnahmen unabhängig von einem hiergegen eingelegten Rechtsbehelf vollzogen werden. (3) Durch Gesetz, das der Zustimmung des Bundesrates bedarf, können Staaten bestimmt werden, bei denen auf Grund der Rechtslage, der Rechtsanwendung und der allgemeinen politischen Verhältnisse gewährleistet erscheint, daß dort weder politische Verfolgung noch unmenschliche oder erniedrigende Bestrafung oder Behandlung stattfindet. Es wird vermutet, daß ein Ausländer aus einem solchen Staat nicht verfolgt wird, solange er nicht Tatsachen vorträgt, die die Annahme begründen, daß er entgegen dieser Vermutung politisch verfolgt wird.* Vgl. den vollständigen Gesetzestext online; verfügbar unter: https://www.gesetze-im-internet.de/gg/art_16a.html (Zuletzt abgerufen am 11.11.2016).

auch Auswirkungen auf Deutschland: die Bundesregierung entschied im August 2015, die Anwendung des Dublin-Verfahrens auf syrische Flüchtlinge begrenzt auszusetzen und verzichtete im September 2015 kurzfristig auf Asylkontrollen an den Landesgrenzen. Im gesamten Jahr 2015 wurden in Deutschland rund 470.000 Asylanträge gestellt, im Oktober und November lag die Zahl jeweils über 50.000 (vgl. BAMF 2016). Was liberale Medien als „deutschen Sommer der Migration" bezeichneten, war für neurechte KritikerInnen eine durch „Staatsversagen" extrem zugespitzte „Flüchtlingskrise", die sich zu einer „Völkerwanderung" auszuweiten drohte.

Die im Oktober 2014 gegründete PEGIDA-Bewegung warnte beispielsweise vor dem Bedrohungsszenario einer bevorstehenden „Islamisierung" der Bundesrepublik. Damit knüpfte sie an die in Deutschland etwa ab 2001 geführte Islamdebatte[8] an. In deren Zentrum standen bis dahin die Fragen, wie sich die muslimische Religion, der politische Islam als weltliche Bewegung und die fundamentalistische Strömung des Salafismus zueinander verhalten und inwieweit die Scharia als Grundlage des islamischen Rechts mit dem Grundgesetz vereinbar sei. Die VertreterInnen der Neuen Rechten etablierten verallgemeinernde Zuschreibungen gegenüber Menschen muslimischen Glaubens, indem sie beispielsweise das Kopftuch ausschließlich als Zeichen der Frauenunterdrückung und männlichen Dominanz interpretierten (Kuhn 2015: 61ff.), sowie Flüchtlinge aus islamisch geprägten Ländern mit potentiellen TerroristInnen gleichsetzten. Dabei griffen sie die von dem SPD-Politiker Thilo Sarrazin 2010 eingeführten Ressentiments gegen muslimische Migrant*innen auf und verschärften diese (Ruf 2014: 87ff.). Ihre diskursiven Interventionen negierten die real existierenden Unterschiede zwischen den Formen gelebter Religiosität und verwischten die

---

[8] Anlässe, welche die Debatte befeuerten, waren Ereignisse wie die seit 1999 andauernde Diskussion um ein ‚Kopftuchverbot' für Angestellte des öffentlichen Dienstes in der Bundesrepublik, die Terroranschläge vom 11. September 2001 in den Vereinigen Staaten, die Ermordung des Satirikers Theo van Gogh 2004 in Amsterdam, die Veröffentlichung von Sarrazins „Deutschland schafft sich ab" 2010, der Aufstieg des Islamischen Staats ab etwa 2013 sowie der Anschlag auf die Satirezeitschrift Charlie Hebdo 2015 in Paris.

sonstigen sozio-politischen Differenzen (etwa in Fragen des Geschlechts oder der Klassenlage) zwischen Menschen muslimischen Glaubens (Virchow 2012: 16). An die Stelle der tatsächlichen Vielfalt trat ein Homogenität suggerierendes Zerrbild. Die diesbezügliche Forschung fand für die dahinterstehende Haltung die Begriffe Islamophobie, Antimuslimismus oder antimuslimischen Rassismus.[9]

Besonders sichtbar wurde das Zusammenspiel aus Anti-Asyl-Diskursen und antimuslimischer Rhetorik in der neurechten Berichterstattung über die Ereignisse in der Silvesternacht 2015/16 in Köln.

Bevor die dazugehörigen Medientexte selbst Untersuchungsgegenstand meiner Arbeit werden, gebe ich an dieser Stelle einen einführenden Überblick über den Sachverhalt selbst, wie er bisher journalistisch aufgearbeitet ist.

[9] Ich verwende im Folgenden den Begriff Antimuslimismus oder antimuslimische Einstellungen. Zur detaillierten Diskussion der Begriffe vgl. Pfahl-Traughber 2012 sowie Kahlweiß und Salzborn 2012.

2.2 Exemplarischer Fokus: die Kölner Silvesternacht 2015/16

In der Silvesternacht 2015/16 griffen Gruppen von Männern feiernde Frauen[10] rund um den Kölner Hauptbahnhof und Dom an, wobei sie Sexualstraftaten sowie Eigentums- und Körperverletzungsdelikte begingen. Nach eigenen Angaben war die Kölner Polizei von der Anzahl der Übergriffe überrascht und konnte die Täter in der Nacht nicht frühzeitig stoppen. Am Neujahrstag selbst sprach die Behörde jedoch zunächst von einer weitgehend friedlichen Silvesternacht. Nationales und internationales Aufsehen erregten die Vorfälle einige Tage später, als deren ganzes Ausmaß sowie die Herkunft der Täter überregional bekannt wurde. Bei ihnen handelte es sich überwiegend um junge Männer aus dem nordafrikanischen und arabischen Raum. Im Verlauf der Berichterstattung wurde der Polizei und den Medien vorgeworfen, den Umfang der Übergriffe verharmlost sowie Informationen über die Täter bewusst zurückgehalten zu haben, um einen politischen Skandal zu vermeiden. Im Zuge der Aufarbeitung der Ereignisse richtete das Bundesland Nordrhein-Westfalen einen Untersuchungsausschuss ein. Bis Mitte Juni 2016 lagen der Kölner Staatsanwaltschaft 1.182 Strafanzeigen zur Silvesternacht vor, 497 davon wegen sexueller Übergriffe (vgl. Flade et al. 2016). Die Polizei ermittelte 183 Beschuldigte, davon 55 Marokkaner, 53 Algerier, 22 Iraker, 14 Syrer und 14 Deutsche. 73 Beschuldigte waren Asylsuchende, 36 zur Tatzeit illegal in Deutschland, 11 hatten eine Aufenthaltserlaubnis. Nach Angaben des nordrhein-westfälischen Innenministeriums gab es bis Ende November 2016 sechs rechtskräftige Verurteilungen (vgl. FAZ 2016). Die Ermittlungen gestalteten sich äußerst schwierig, da kaum belastbares Foto-

[10] Meines Wissens nach wurde bisher nicht untersucht, inwieweit sich unter den weiblichen Opfern Frauen mit Migrationshintergrund befanden. Eine solche Recherche an anderer Stelle könnte Aufschluss darüber geben, ob der Eindruck einer homogenen Opfergruppe nicht ebenfalls eine Konstruktion ist.

oder Videomaterial von den Straftaten selbst vorlag. Im Untersuchungsausschuss kam der Kriminalpsychologe Egg zu dem Schluss, dass die Täter sich nicht bereits im Vorfeld zu den Angriffen verabredet hatten. Vielmehr sei das fehlende Eingreifen der Kölner Polizei am Silvesterabend dafür verantwortlich, dass aus einzelnen Straftaten eine Art krimineller Sog entstehen konnte, der sich dann über Mundpropaganda und soziale Medien verstärkt habe (vgl. *Spiegel* 2017).

2.3 Die Rolle von Geschlecht in rechten Diskursen

Die Frage, wie Frauen und Männer zusammenleben sollen, ist konstitutiv für viele Entwürfe des menschlichen Zusammenlebens. In der Vergangenheit war die Antwort darauf häufig die Idee einer binär gedachten, also ausschließlich heterosexuell verfassten und hierarchisch strukturierten Geschlechterordnung – sowohl in völkisch als auch in eher republikanisch geprägten Konzeptionen von Gesellschaft. Traditionelle Auffassungen von Geschlecht sind somit kein Alleinstellungsmerkmal der extremen oder neuen Rechten, sondern generell in der politischen Ideengeschichte verwurzelt (vgl. Benhabib und Nicholson 1985 sowie Rauschenbach 2004). Das macht Debatten um Geschlecht zu einem diskursiven Feld, in dem die einzelnen politischen Positionen teilweise schwer zu unterscheiden sind. Soziale Bewegungen, welche die repressive heteronormative Verfasstheit der Gesellschaft in Frage stellen und sich für eine Gleichberechtigung oder gar Erweiterung der Geschlechter einsetzen, stoßen daher zwangsläufig auf Kritik und Widerstand – aus verschiedenen Teilbereichen der Gesellschaft. Bereits Anfang des 20. Jahrhunderts beklagte die Schriftstellerin und Feministin Hedwig

Dohm die breit aufgestellten Angriffe auf die Frauenrechtsbewegung – eine Beobachtung, die bis heute nichts von ihrer Aktualität verloren hat (vgl. Dohm 1902; Lang und Peters 2018b: 15f.). Doch obwohl Debatten um die Ausgestaltung des Geschlechterverhältnisses seit Jahrhunderten andauern, bleibt ihr konkreter Gehalt nicht derselbe. So sind die Forderungen der Ersten Frauenbewegung, etwa nach dem Wahlrecht für Frauen, oder nach der gleichberechtigten Teilhabe am Arbeitsleben heute grundlegend umgesetzt und institutionell abgesichert, während aktuelle geschlechtspolitische Reformbemühungen teilweise auf heftigen Widerstand stoßen. Insbesondere in neurechten Debatten lässt sich dabei beobachten, dass bereits etablierte Standards und Praktiken der Gleichstellungspolitiken erneut problematisiert und attackiert werden mit dem Ziel, hinter das Erreichte zurückzugehen. Drei dieser Diskursstränge erachte ich dabei als besonders relevant.

A. Gender Mainstreaming

Die Idee der Gleichberechtigung der Geschlechter ist bereits in vielen Verfassungen und Abkommen als normatives Ziel festgeschrieben - das Grundgesetz[11] enthält sie etwa seit 1949. Ab den 1990er Jahren erhielt sie erhöhte Aufmerksamkeit, als sich sowohl die Vereinten Nationen als auch die EU stärker des Themas annahmen. 1999 wurde das Konzept des Gender Mainstreaming, also die angestrebte Gleichstellung von Frauen und Männern, als ein Kernziel der Europäischen Union in den Vertrag von Amsterdam aufgenommen und 2008 erneut im Vertrag über die Arbeitsweise der Gemeinschaft[12] festgeschrieben.

---

[11] So heißt es in Artikel 3 Absatz 2 der Grundrechte: „Männer und Frauen sind gleichberechtigt. Der Staat fördert die tatsächliche Durchsetzung der Gleichberechtigung von Männern und Frauen und wirkt auf die Beseitigung bestehender Nachteile hin."

[12] In Artikel 3, Absatz 2 des EG-Vertrages ist festgehalten, dass die Gemeinschaft darauf hinwirkt „Ungleichheiten zu beseitigen und die Gleichstellung von Männern und Frauen zu fördern."

Im deutschen Kontext geriet die Idee verstärkt in den Fokus, als der Bundestag 2006 zur Umsetzung der EU-Richtlinien das *Allgemeine Gleichbehandlungsgesetz* (Antidiskriminierungsgesetz) verabschiedete, welches Benachteiligungen aufgrund des Geschlechts oder der sexuellen Identität unter Strafe stellte.[13] Von diesem Zeitpunkt an lässt sich eine erste kampagnenartige Welle von neurechten Angriffen auf das Gender Mainstreaming-Konzept beobachten. Hier seien nur einige Etappen genannt (für einen ausführlicheren Überblick vgl. Lang 2015b: 170ff.). Die Grundrichtung gab der damalige Leiter des Politikressorts der *Frankfurter Allgemeinen Zeitung* (FAZ), Volker Zastrow, 2006 in seinem Artikel „Politische Geschlechtsumwandlung" vor. Hier verknüpfte er das politische Ziel des Gender Mainstreaming, die Gleichstellung von Männern und Frauen, mit dem angeblichen Ziel der Schaffung eines „neuen Menschen [...], und zwar durch die Zerstörung der ‚traditionellen Geschlechtsrollen'" (vgl. Zastrow 2006). Der Journalist Peter Lattas griff diesen Duktus für die *Junge Freiheit* in seinem Artikel „Neue Spielwiese für Feministinnen" auf und bezog sich dabei ausdrücklich auf Zastrow. Im selben Jahr bezeichnete der Leiter des Hauptstadtbüros des *Spiegels*, Rene Pfister, Gender Mainstreaming in seinem Text „Der neue Mensch" als „Erziehungsprogramm" (vgl. Pfister 2006), auf den wiederum Michael Paulwitz mit seinem Artikel „Im Labor der Menschenzüchter" erneut in der *Jungen Freiheit* Bezug nahm (vgl. Paulwitz 2007).

Dieses kurz skizzierte Wechselspiel verdeutlicht, wie sich die Kritik am Konzept des Gender Mainstreaming sowohl parallel als auch aufeinander bezugnehmend in bürgerlichen und neurechten Medien entwickelte. Diese frühen Texte schufen bereits die Grundmotive, die seither die Kritik[14] durchziehen: die durch Gender

[13] Zuvor wurde das Ziel der Geschlechtergerechtigkeit bereits 2000 in der Novellierung der Gemeinsamen Geschäftsordnung der Bundesministerien als durchgängiges Leitprinzip von Regierungshandeln etabliert und somit gesetzlich verankert. Dieser Schritt erhielt jedoch wenig mediale Aufmerksamkeit.

[14] Zur Frage, inwieweit die Kritik am Gender Mainstreaming in rechten Parteien verankert ist, vgl. etwa Lang 2013 für die NPD und Kemper 2014 für die AfD.

Mainstreaming angestrebte Gleichstellung der Geschlechter wird als eine wahlweise von internationalen Organisationen oder der EU gesteuerte Verschwörung porträtiert, welche die traditionelle Geschlechterordnung beseitigen solle. Mit der Implementierung der Antidiskriminierungsrichtlinien sei der Feminismus zur Staatsräson erhoben worden (Hark und Villa 2015: 23), dessen Ziel langfristig die Schaffung eines „neuen", geschlechtsneutralen Menschen sei. Diese Vorwürfe stehen in der Tradition einer antifeministischen Agitation von rechts,[15] die Feminist*innen als Teil der angeblich links-liberalen Elite imaginiert, welche beständig die Institutionen der Familie und der Ehe untergrabe (Brauner-Orthen 2001: 61f.).

B. Gender Studies

Gleichstellungspolitische Fragen sind nicht nur ein politisches Anliegen, sondern auch zunehmend Gegenstand akademischer Forschung. 1997/1998 richtete die Humboldt-Universität Berlin den ersten Gender Studies-Studiengang ein und schuf so die Grundlage für eine Institutionalisierung des Faches in der Bundesrepublik. Mittlerweile sind die Gender Studies eine eigenständige Forschungsdisziplin, die heterogene Erkenntnisinteressen und Forschungspraktiken umfasst. Auf diese Erfolgsgeschichte[16] reagieren rechte KritikerInnen in den letzten Jahren vehement sowohl mit Angriffen auf die Gender Studies an sich als auch auf exponierte Vertreter*innen des Faches. Dabei lassen sich zwei unterschiedliche Dynamiken beobachten: eine pauschale, diffamierende Kritik entwirft zunächst häufig in bewusster Unkenntnis relevanter Grundla-

[15] Diese antifeministische Agitation manifestiert sich auch in der Männerrechtsbewegung (vgl. Kemper 2012) und dem organisierten „Lebensschutz" (vgl. Sanders et al. 2014).

[16] Trotz dieser positiven Entwicklung muss beachtet werden, dass Professuren mit Teil- oder Volldenomination für Gender Studies nur etwa 0,4% aller Professuren in Deutschland ausmachen. Trotz der gegenteiligen Behauptung hat sich dieser Wert in den letzten 20 Jahren nicht verändert (Hark und Villa 2015: 22).

gentexte das Feindbild einer vermeintlich homogenen „Gender-Ideologie“ und arbeitet sich anschließend daran ab. Die dabei entworfene Projektion bildet in keiner Weise die Vielfalt der unter dem Label „Gender Studies“ zusammengefassten Forschungsansätze ab[17]. Deutlich wird dieses Vorgehen, wenn etwa die AfD-Politikerin Beatrix von Storch die Gender Studies im Berliner *Tagesspiegel* als politisches Umerziehungsprogramm entlarven will:

> *„Nur, weil etwas vom Staat finanziert wird, ist es allerdings noch lange keine Wissenschaft. [...] Ohne die Intervention der Politik würde es die vielen Gender-Lehrstühle und Institute nicht geben. Die „Gender-Forscher_*innen“ sind die akademischen Hilfstruppen einer Politik, die auf ideologische Bevormundung von der Quoten* [sic] *bis zu einer obsessiven Sprachpolitik setzt.“* (vgl. von Storch 2017)

Eine andere Spielart der Kritik an den Gender Studies argumentiert eher wissenschaftsintern und in Bezug auf tatsächliche Grundannahmen des Faches. Religiös verortete Kritikerinnen beziehen sich stärker auf christliche Ideen wie etwa die Komplementarität des heterosexuellen, monogam lebenden Paares, naturwissenschaftlich geprägte AutorInnen kritisieren den Dekonstruktivismus der Gender Studies ausgehend von positivistisch-biologistischen Standpunkten.[18] Beispielhaft ist hier ein Beitrag des Frankfurter Biologieprofessors Hans-Peter-Klein in der FAZ, in dem dieser den Gender Studies ihren kritischen Gehalt abspricht:

---

[17] Gender Studies werden von ihren rechten KritikerInnen durchgehend als monolithischer Block behandelt. Besonders augenfällig ist das bei „Genderista-Wiki“, einem von Heike Diefenbach und Michael Klein initiierten Rechercheprojekt über die Verbreitung und Situation der Gender Studies in Deutschland (vgl. SCIENCE-FILES 2018).

[18] Diese Beobachtung verdanke ich den Rechercheergebnissen von Armin Sauermann und Marion Näser-Lather, welche letztere in einem unveröffentlichten Vortrag mit dem Titel „In der Kritik: Gender Studies und ihre Diskreditierung in der scientific community“ auf dem Kongress der Deutschen Vereinigung für Politikwissenschaft 2018 in Frankfurt am Main vorstellte.

„Hier offenbart sich eine Form der Wissenschaftskritik, die mit dem Generalverdacht der Ideologie herkömmlicher männlicher und anders merkwürdig qualifizierter Wissenschaft operiert und den Stand der aktuellen Biowissenschaften einfach ignoriert." (vgl. Klein 2015)

In beiden Fällen ähnelt das entworfene Feindbild der Gender-Studies dem oben beschriebenen Porträt des Gender Mainstreaming. Allerdings kommt hier der Umstand hinzu, dass häufig einzelne Wissenschaftler*innen als Vertreter*innen der Gender Studies die Zielscheibe von medialen und politischen Angriffen bilden. In der Vergangenheit standen etwa Lann Hornscheidt von der Humboldt-Universität Berlin und Franziska Schutzbach von der Universität Basel wochenlang im Mittelpunkt solcher Attacken und mussten um den Erhalt ihrer Lehraufträge kämpfen.

C. Sexualpädagogik

Die den Angriffen auf gleichstellungspolitische Anliegen zugrundeliegenden Widersprüche treten im Bereich der Sexualpädagogik besonders deutlich zu Tage. Seit Jahren zeigt die Jugendsexualitätsforschung, dass Jugendliche zunehmend mit verschiedenen sexuellen Spielarten vertraut sind und Zugang zu Darstellungen von Sexualität beispielsweise im Internet besitzen (Tuider 2016: 179ff.). Parallel dazu nimmt der Widerstand gegen Formen der Sexualaufklärung und -pädagogik jedoch zu. Im Frühjahr 2014 entspann sich etwa eine Debatte um das von den Erziehungswissenschaftler*innen Anja Henningsen, Elisabeth Tuider und Stefan Timmermanns herausgegebene Standardwerk „Sexualpädagogik der Vielfalt" (vgl. Henningsen et al. 2016). Der Wissenschaftsjournalist Christian Weber warf den Autor*innen in der *Süddeutschen Zeitung* vor, die „Geschlechtsidentität von Schülerinnen verwirren" zu wollen.[19] Mit dem Motiv der Identitätsverwirrung gab Weber ein Stichwort vor, welches die spätere Debatte prägen sollte. Der Jugendforscher Martin Voigt führte diesen Gedanken im Oktober 2014 in der FAZ mit der Unterstellung weiter, dass „sich hinter der angeblichen Sensibilisierung für vielfältige Lebensformen Frühsexualisierung und Umerziehung verbergen " würden (vgl. Voigt 2014). Das gleiche Bedrohungsszenario entwirft auch der Chefredakteur der *Jungen Freiheit* Dieter Stein im selben Zeitraum in der Schwerpunktausgabe seiner Zeitung mit dem Titel „Sie verführen unsere Kinder":

> *„Anstatt die Schule als Schutzraum gegen die frühzeitige Sexualisierung und das kollektive Einreißen von Schamgrenzen zu erhalten, treten Lehrer unter dem Druck der Homo- und Gender-Lobby die Türen zu den Kinderseelen ein. "* (vgl. Stein 2014)

Ähnliche Vorwürfe werden auch in anderen Kontexten erhoben. Anfang 2018 richteten sich die Anfeindungen beispielsweise gegen eine Broschüre, welche die Bildungsinitiative Queerformat mit Unterstützung der Berliner Senatsverwaltung für Bildung, Jugend und Familie als Handreichung zum Umgang mit sexueller und geschlechtlicher Vielfalt für pädagogische Fachkräfte und Erzieher*innen in der Kindertagesbetreuung entwickelt hatte (vgl. Queerformat 2018). Das Aktionsbündnis „Demo für Alle", welches in die-

---

[19] So schreibt Weber: „Weder der Papst noch Alice Schwarzer sollten den Menschen vorschreiben, wie sie ihre Sexualität leben. Doch genauso aufdringlich ist es, wenn Pädagogen alle gendertheoretischen Denkübungen aus dem soziologischen Seminar einfach mal so an ihren Schülern ausprobieren - mit dem erklärten Ziel, diese in ihrer Geschlechtsidentität zu verwirren. Eine fahrlässige Pseudo-Aufklärung ist das, wenn Sex als völlig unproblematische, unverbindlich zu nutzende Spaßquelle vermittelt wird, die nichts mit Beziehungen zu tun haben muss. Das ist es nicht, was Mädchen und Jungen benötigen, die erste Erfahrungen mit Liebe und Sex machen. Sie brauchen nicht noch extra mehr Durcheinander, als ohnehin schon in ihren Köpfen herrscht" (vgl. Weber 2014).

ser Studie noch an verschiedenen Stelle eine Rolle spielen wird, initiierte umgehend eine Petition mit dem Titel „Kein Vielfalts-Sex in KiTas: Indoktrinierende Broschüre sofort zurückziehen!", welche den Berliner Senat aufforderte, die Handreichung zurückzuziehen (vgl. Demo für Alle 2018). Auch wenn diese Petition, wie andere Interventionen auch, ihr eigentliches Ziel nicht erreichte, gelang es ihr doch im gesellschaftlichen Diskurs Gehör zu finden. Ein nicht zu unterschätzender Nebeneffekt dieser vehement vorgetragenen Attacken ist langfristig entstehende Verunsicherung auf Seiten der pädagogischen Fachkräfte und Eltern (vgl. Laumann und Debus 2018: 275.)

Elisabeth Tuider zeigt auf, dass die verschiedenen „Diskreditierungsweisen" von Formen progressiver Sexualpädagogik ähnlichen Mustern folgen und in ihrem Zusammenspiel auf eine „Re/Normierung des Sexuellen" zielen (Tuider 2016: 177f.). Ausgangspunkt dieser Dynamik ist zunächst das verklärte Bild einer ‚reinen, unschuldigen' Kindheit, die frei von sexuellen Impulsen zu sein habe. Werden dann durch systematisch verbreitete Falschinformationen die hochgradig affektbesetzten Themen Pädophilie und sexueller Missbrauch bewusst in die Nähe der Sexualpädagogik gerückt, scheint das Kindeswohl unmittelbar bedroht. So wird die Figur des unschuldigen Kindes zu einem zentralen Faktor in politischen Auseinandersetzungen um pädagogische Konzepte und gleichzeitig ein Einfallstor für die Abwehr progressiver Anliegen (vgl. auch Bühler-Niederberger 2005 und Schmincke 2015). Dies zeigte sich auch in der Diskussion um die Einführung eines neuen Bildungsplans in Baden-Württemberg, die das zweite Fallbeispiel meiner Untersuchung bildet.

2.4 Exemplarischer Fokus: Die Reform des Bildungsplans in Baden-Württemberg

Bildungspläne sind generell umfassende Konzeptpapiere, in denen Unterrichtsinhalte und -abläufe für den jeweiligen räumlichen und zeitlichen Geltungsbereich verbindlich geregelt sind. In den letzten Jahren überarbeiteten einzelne Bundesländer wie Berlin, Bremen, Schleswig-Holstein und Nordrhein-Westfalen ihre diesbezüglichen Rahmenbedingungen, um geschlechterreflektierende Aspekte wie die Vielfalt sexueller Lebensformen stärker in den zukünftigen Schulunterricht zu integrieren.

In Baden-Württemberg nahm die Debatte[20] im Herbst 2013 ihren Anfang, als ein internes Arbeitspapier der rot-grünen Landesregierung zur Überarbeitung des Bildungsplanes an die Öffentlichkeit gelangte. Es umriss Leitprinzipien für die anstehende Reform des Bildungsplans 2015/16 und enthielt in diesem Rahmen Anregungen, wie sexuelle Vielfalt als Querschnittsthema dabei umfassend berücksichtigt werden könnte.[21] Seit dem Bekanntwerden des Dokuments organisierte sich Widerstand gegen die darin formulierte Agenda in Form von Unterschriftensammlungen und Demonstrationen. Die von der baden-württembergischen AfD und der evangelikalen Deutschen Evangelischen Allianz beworbene Petition „Zukunft – Verantwortung – Lernen: Kein Bildungsplan 2015 unter der Ideologie des Regenbogens“ unterzeichneten bis zum Januar 2014

---

[20] Für einen umfangreichen Überblick hierzu vgl. Teidelbaum 2015.

[21] Für den Schwerpunkt „Bildung für nachhaltige Entwicklung“ empfahl das Papier exemplarisch folgende Lernziele: Schülerinnen und Schüler kennen die verschiedenen Formen des Zusammenlebens von/mit LSBTTI-Menschen und reflektieren die Begegnungen in einer sich wandelnden, globalisierten Welt. [klassische Familien, Regenbogenfamilien, Single, Paarbeziehung, Patchworkfamilien, Ein-Eltern-Familien, Großfamilien, Wahlfamilien ohne verwandtschaftliche Bande; schwule, lesbische, transgender und soweit bekannt intersexueller Kultur (Musik, Bildende Kunst, Literatur, Filmschaffen, Theater und neue Medien) und Begegnungsstätten (soziale Netzwerke, Vereine, politische Gruppen, Parteien)] (vgl. Kultusportal Baden-Württemberg 2013).

etwa 192.000 Personen. Ihr Verfasser, der Realschullehrer Gabriel Stängle, erhob darin den Vorwurf, die Reform des Bildungsplans ziele auf eine „pädagogische, moralische und ideologische Umerziehung an den allgemeinbildenden Schulen". Gleichstellungspolitische Anliegen lehnte er dabei als „ideologische Kampfbegriffe und Theoriekonstrukte" ab (vgl. Stängle 2013). Ähnliche Positionen vertraten auch die OrganisatorInnen einer Demonstration, die am 01. Februar 2014 erstmals unter dem Motto „Gegen die Indoktrination unserer Kinder – Stoppt den Bildungsplan 2015" in Stuttgart stattfand und in den folgenden Monaten mehrere Tausend TeilnehmerInnen mobilisierte. Nachdem die ersten Veranstaltungen noch von sich selbst als „Besorgte Eltern" bezeichnenden Personen angemeldet wurden, wurde ab dem 28.06.2014 die „Initiative Familienschutz" der ehemaligen CDU-Politikerin Hedwig von Beverfoerde treibende Kraft hinter den Veranstaltungen. Diese Initiative gehört zum Kampagnennetz „Zivile Koalition" der AfD-Politiker Beatrix und Sven von Storch und erfuhr Unterstützung aus diesem Umfeld (Sanders et al. 2014: 90f.).

Anhand der sich ausbreitenden Proteste ließ sich anschaulich beobachten, wie die geteilte Ablehnung der geplanten Bildungsreformen rechtskonservative, christlich-fundamentalistische und extrem rechte Gruppen zusammenbrachte. Es ist deshalb wenig überraschend, dass sich die thematische Bandbreite der Demonstrationen rasch erweiterte. Neben den eigentlichen Reformvorschlägen standen bald auch das Thema Gender Mainstreaming sowie die rechtliche Gleichstellung eingetragener Lebenspartnerschaften mit der klassischen Ehe zur Diskussion. Ein Vorbild der OrganisatorInnen waren die seit Ende 2012 stattfindenden Massenproteste gegen die Einführung der Ehe für alle in Frankreich, die unter dem Motto „La Manif Pour Tous" stattfanden, was in der deutschen Übersetzung der „Demo für Alle" ihren Namen gab. Auch bei diesen Protesten stand das Thema Homosexualität im Vordergrund, vorgebracht wurde jedoch ebenfalls eine generelle Kultur- und Gesellschaftskritik (vgl. Schmincke 2015).

Die anhaltenden Proteste zwangen die Landesregierung unter Ministerpräsident Kretschmann zu einer Kursänderung. Bereits im März 2014 kündigte das zuständige Kultusministerium eine Überarbeitung des Leitbildes an, in deren Verlauf die Rolle des Aspektes sexuelle Vielfalt beschnitten wurde. Im Arbeitspapier von 2013 noch als Querschnittsthema in allen Bereichen des Bildungsplans angedacht, wurde er in der im Herbst 2016 verabschiedeten Version in die allgemeine Leitperspektive „Toleranz und Akzeptanz von Vielfalt" integriert. Mit diesem Teilerfolg gab sich das Bündnis „Demo für Alle" jedoch nicht zufrieden. Nach dem Abflauen der Debatte um die Reform des Bildungsplans setzten die OrganisatorInnen ihre politische Kampagnentätigkeit fort, etwa mit jährlich stattfindenden Konferenzen und weiteren Demonstrationen im gesamten Bundesgebiet. Analog zum französischen Vorbild hat sich der thematische Rahmen erneut ausgeweitet und umfasst mittlerweile auch die Aspekte Reproduktionsmedizin, Abtreibung und Elternrechte (vgl. Diskursatlas Antifeminismus 2019).

3. Begriffsklärungen

Bevor ich weitere für meine Untersuchung relevante theoretische Überlegungen vorstelle, führe ich zunächst zentrale Begrifflichkeiten meiner Arbeit ein. Das erachte ich an dieser Stelle als relevant, weil in der von mir verwendeten Sekundärliteratur häufig kein Konsens darüber existiert, was genau bestimmte Begriffe bezeichnen. Vielmehr überschneiden sie sich gelegentlich und laufen somit Gefahr, den konkreten Forschungsgegenstand eher zu verdunkeln als zu erhellen. Darüber hinaus kennzeichne ich die folgenden Begrifflichkeiten als analytische Begriffe, die auf einer normativen Ebene definieren, was die jeweilige Bezeichnung analytisch fassen soll, bevor sie auf die Empirie angewandt wird (vgl. Grebing 1974 und Birsl 2016). Damit sind sie eindeutig abgrenzbar von den häufig widersprüchlichen Eigen- und Fremdbezeichnungen des politischen Alltags, welcher durchaus unterschiedliche Zuschreibungen für ein und dasselbe Phänomen kennt.

Ich gliedere die Begriffsdiskussion in zwei Teile, welche die Verankerung meiner Arbeit an der Schnittstelle zwischen Rechtsextremismus- und Geschlechterforschung widerspiegeln. Zunächst geht es mir darum, die Termini Rechtsextremismus, Rechtspopulismus, Konservatismus und Neue Rechte einzuführen und mögliche Verbindungslinien zwischen ihnen aufzuzeigen. Im darauffolgenden Unterkapitel referiere ich Grundbegriffe aus der Geschlechterforschung und ende schließlich mit dem Antifeminismus-Begriff, welcher sich genau an der Schnittstelle zwischen den oben genannten Disziplinen bewegt.

3.1 Begriffe aus der Rechtsextremismus-forschung

A. Rechtsextremismus

Der Soziologe Seymour Lipset entwickelte den Rechtsextremismusbegriff in den 1950er und 1960er Jahren, um den historischen Aufstieg des Faschismus konzeptionell zu erklären. Für ihn gibt es drei Formen des Extremismus, welche jeweils soziostrukturell mit einer Gesellschaftsschicht verbunden sind. Den Linksextremismus verortet er in der Unterschicht und Arbeiter*innenklasse, den Faschismus in der Mittelschicht und den Rechtsextremismus in der Oberschicht (vgl. Lipset 1959). Bei Lipset noch als ein Problem der Gesamtgesellschaft gedacht, ist der Extremismusbegriff im deutschsprachigen Kontext ab 1974 von den Verfassungsschutzbehörden als auch von einzelnen Wissenschaftler*innen im Sinne der Totalitarismustheorie aufgeladen und als ein Phänomen „politischer Ränder" interpretiert worden (vgl. exemplarisch Backes und Jesse 1989). Um die damit einhergehenden Vorannahmen, wie etwa die qualitative Gleichsetzung von Links- und Rechtsextremismus oder die These einer politisch neutralen gesellschaftlichen Mitte zu vermeiden, lehnen einige Forschende diese Konzeption ab und arbeiten stattdessen mit dem Begriff *Rechtsradikalismus* (Leggewie 1994: 325; Minkenberg 1998: 32f.). Alternativ finden ebenfalls die Begriffe *Neofaschismus* oder *Nazismus* Verwendung. Obwohl ich die Sorge vor einer politischen Instrumentalisierung des Rechtsextremismusbegriffs teile, stellt keine dieser Variationen aus meiner Sicht eine akzeptable Alternative zu ihm dar. Vielmehr weisen sie ihrerseits spezifische Schwächen auf. So steht der Begriff Rechtsradikalismus ebenfalls in einem begrifflichen Zusammenhang mit Linksradikalismus und droht somit erneut zu einem politischen Kampfbegriff zu werden, nachdem ihn bereits Innenministerien und untergeordnete Behörden als Vorläufer des Rechtsextremismus-Begriffes verwendeten (Jaschke 2001: 24). Des Weiteren irritiert an dem Begriff die umgangssprachlich positiv verstandene Konnotation von Radikalismus im Sinne des „an die Wurzel Gehens“ (Gessenharter 1990: 65). Alle Begriffsschöpfungen mit der Vorsilbe „Neo-“ wiederrum stehen vor dem Problem, dass sie zwar auf die Verbindungslinien zwischen rechten Aktivitäten in der Gegenwart und der nationalsozialistischen Tradition verweisen können, gleichzeitig aber neue Artikulationsformen und Abgrenzungen vom historischen Vorbild aus dem Blick zu verlieren drohen (Kowalsky und Schroeder 1994: 10).

Aus Mangel an einer überzeugenden Alternative halte ich in dieser Arbeit am Rechtsextremismusbegriff fest, ohne die vorgebrachten Kritiken zu ignorieren. Jaschke folgend geht es mir darum, einen politikwissenschaftlichen Rechtsextremismusbegriff zu verwenden, der die extremismustheoretische Gleichsetzung von links und rechts analog zum Hufeisenmodell negiert und die Verankerung „extremistischer“ Einstellungen in der gesellschaftlichen Mitte berücksichtigt. So kann der Begriff kritisch benutzt und weiterentwickelt werden, ohne ihn kampflos den Anhänger*innen der Extremismustheorie zu überlassen.[22] Wenn ich im Folgenden von Rechtsextremismus spreche, beziehe ich mich vorrangig auf Jaschkes Definition:

> *„Unter 'Rechtsextremismus' verstehen wir die Gesamtheit von Einstellungen, Verhaltensweisen und Aktionen, organisiert oder nicht, die von der rassistisch oder ethnisch bedingten sozialen Ungleichheit der Menschen ausgehen, nach ethnischer Homogenität von Völkern verlangen und das Gleichheitsgebot der Menschenrechts-Deklarationen ablehnen, die den Vorrang der Gemeinschaft vor dem*

[22] „Um die herrschende Politik der inneren Sicherheit und die Praxis staatlicher Maßnahmen gegen den Extremismus begründet untersuchen und kritisieren zu können, muss eine kritische Sozialwissenschaft den Begriff aufnehmen, um im Spiel zu bleiben.“ (Jaschke 2001: 29; vgl. auch Holzer 1979: 499).

Individuum betonen, von der Unterordnung des Bürgers unter die Staatsräson ausgehen und die den Wertepluralismus einer liberalen Demokratie ablehnen und die Demokratisierung rückgängig machen wollen.“ (Jaschke 2001: 30)

Gleichzeitig verstehe ich Rechtsextremismus als ein zusammenhängendes Einstellungssyndrom, welches verschiedene Elemente umfasst. Das Forschungsteam um den Soziologen Wilhelm Heitmeyer konnte in den Studien zu Gruppenbezogener Menschenfeindlichkeit zeigen, dass dieses Syndrom die folgenden Merkmale beinhaltet: Rassismus, Islamfeindlichkeit, Antisemitismus, Abwertung von Behinderten, Abwertung von Obdachlosen, Abwertung von Sinti und Roma, Abwertung von Asylbewerbern, Abwertung von Langzeitarbeitslosen, Sexismus, Homophobie, Etabliertenvorrechte, Fremdenfeindlichkeit. Aus meiner Sicht ist besonders hervorzuheben, dass im Gegensatz zu vielen geschlechtsblinden Rechtsextremismusdefinitionen (Goetz 2014: 44ff.) geschlechtsspezifische Diskriminierungsformen hier mitgedacht sind. Auch das die Bezeichnung Syndrom auf einen möglichen psychologischen Zusammenhang zwischen den aufgeführten Einstellungsmerkmalen verweist (Heitmeyer 2012: 16; vgl. auch Zick et al. 2008), erachte ich als vorteilhaft für mein Forschungsvorhaben.

Was schließlich die in der politikwissenschaftlichen Forschung häufig diskutierten organisationsspezifischen Fragen angeht, fungiert Rechtsextremismus hier als Sammelbegriff – es werden keine Unterscheidungen zwischen Parteien, anderen Organisationen oder der subkulturellen Szene vorgenommen, da sich diese Notwendigkeit aus dem Fokus der Arbeit nicht ergibt.

B. Rechtspopulismus

Der Begriff Rechtspopulismus erlebt derzeit eine Konjunktur. Er verspricht, eine neue Qualität rechter Aktivität und Organisation beschreiben zu können (vgl. Hillebrand 2015; Wodak 2016). Die sich häufenden, teilweise widersprüchlichen Verwendungen machen die Bezeichnung dabei zu einem „schillernden Begriff, vieldeutig und von zahlreichen Zuschreibungen überlagert“, wie es die Autor*innen des Populismusbarometer 2018 formulieren (Vehrkamp und Merkel 2018: 14). Sie identifizieren als Kernbestandteile des Konzeptes Haltungen, die sich gegen ein imaginiertes Establishment sowie pluralistische Ideen richten und dabei eine stärkere Volkssouveränität befürworten (ebd. 25). Mir erschließt sich nicht, inwieweit damit tatsächlich eine neue politische Qualität beschrieben wird. Stattdessen verstehe ich Populismus lediglich als aktuelle, spezifische Artikulationsform rechtsextremistischer Inhalte, nicht aber als qualitativ neue Erscheinung (Amesberger und Halbmayr 2002: 28f.). Er ist eine „Propagandaform und Technik der Agitation“ (Decker 2018: 32), die aber unterschiedliche Inhalte transportieren kann. Gerade deshalb läuft der Begriff Rechtspopulismus Gefahr zur „Vermeidungsstrategie“ (vgl. Botsch 2018) zu werden, wenn die vorgebrachten Positionen nicht sorgfältig auf ihren politischen Gehalt hin untersucht werden.

C. Konservatismus

Auch die Bezeichnung Konservatismus ist ein zunächst schwer zu definierender Begriff. Dazu trägt bei, dass sich konservatives Denken stets in Bezug auf einen jeweiligen „Gegner“ definiert (Gessenharter 1989b: 562) und kein unabhängiges und gewissermaßen zeitloses politisches Programm etabliert, wie dies beispielsweise der Liberalismus und Sozialismus tun. In diesem Sinne kann ich hier den Begriff Konservatismus nicht endgültig definieren, sondern lediglich für meine Arbeit relevante Aspekte zusammentragen. Von Interesse ist dabei für mich besonders, wie sich Anschlussstellen zwischen dem Konservatismus und der Neuen Rechten ergeben. Unter dem historischen Konservatismus verstehe ich zunächst die Gegenwehr gegen Errungenschaften der Französischen Revolution (Aufklärung, Säkularisierung und Rationalismus im weiteren Sinne) sowie deren politisch-partizipatorischen Folgen im 19. Jahrhundert. Ziel der konservativen Argumentation war es, „systemverändernde Reformen“ (Puhle 1989: 400) abzuwehren, um die tradierten Einrichtungen des Bestehenden (Kirche, Königtum, Ständeordnung, Familie, Eigentum) zu erhalten (Mantino 1992: 76; Brauner-Orthen 2001: 33). Den Begriff der „konservativen Revolution“ sehe ich ebenfalls als Sammelbezeichnung für verschiedene Denker und Gruppierungen der Weimarer Zeit, welche das liberal-demokratische System der Republik ablehnten. Im Zentrum der zeitgenössischen konservativ-revolutionären Argumentation standen die vermeintlichen Gegensatzpaare „Kultur – Zivilisation“ sowie „Elite – Masse“ (Metzger 2004: 47). Nach den Verheerungen des Nationalsozialismus, der konservative Impulse sowohl aufnahm als auch negierte, markierte die Nachkriegszeit den Neubeginn und die Restauration konservativer Ideen (Puhle 1989: 402). Konservative Argumentationen integrierten erstmals das Konzept der parlamentarischen Demokratie und verbanden sich mit Prinzipien des Neoliberalismus, der katholischen Soziallehre und des Antikommunismus (ebd.). Hier lässt sich der entscheidende Unterschied zwischen konservativem und extrem rechten Denken festmachen: die konservative Haltung erkennt die Errungenschaften des gesellschaftlichen Fortschritts prinzipiell an, wehrt sich aber gegen dessen Beschleunigung (Waldraff 1953: 37ff.). Die rechtsextreme Position will das Erreichte zurücknehmen.

Ab dem Ende der 1960er Jahre tritt das Phänomen des Neokonservatismus auf. Trotz seiner Heterogenität lassen sich zwei charakteristische Tendenzen benennen: im ökonomisch-wissenschaftlichen Bereich setzen sich Neokonservative für die Fortsetzung liberaler und pluralistischer Ideen ein, im kulturellen Sektor fordern sie dagegen eine Rückkehr zu staatlichen Eingriffen und einer Art moralischer Ordnungspolitik, die eine verloren gegangene gesellschaftliche Homogenität herbeiführen soll (Gessenharter 1990: 64; Venner 1994: 53f.). Die historische Verwobenheit des Konservatismus mit völkisch-nationalen Bewegungen sowie die teilweise gemeinsamen ideengeschichtlichen Ursprünge konservativer und rechtsextremistischer Weltbilder schaffen eine potentielle Nähe zwischen Neokonservatismus und der Neuen Rechten.

D. Neue Rechte

Als Bezeichnung für politische Gruppierungen und einzelne Intellektuelle angewandt, ist die Bezeichnung Neue Rechte ebenfalls ein schwer zu konkretisierender Begriff. Hier ist vor allem von Interesse, inwiefern sich verschiedene neurechte Organisationen, SchriftstellerInnen und dazugehörige Medien auf gemeinsame inhaltliche Ausgangspunkte beziehen, die eine verallgemeinernde Bezeichnung der heterogenen Phänomene erlauben. Minkenberg hebt diesbezüglich hervor, dass VertreterInnen der Neuen Rechten aller Couleur eine „Revision der Verfassungswirklichkeit“ anstreben (Minkenberg 1998: 34). Dies haben sie mit AnhängerInnen der extremen Rechten gemeinsam. Um dieses Ziel langfristig zu erreichen, werden zunächst eher „metapolitische Positionen“ formuliert, deren Zusammenspiel auf die Etablierung von „kultureller Hegemonie“ zielt (Metzger 2004: 21ff.). In diesem Sinne fungieren insbesondere die öffentlichkeitswirksam arbeitenden Angehörigen und Medienplattformen der Neuen Rechten als Stichwortgeber für ein „neurechtes Kulturkampfprojekt“ (Brauner-Orthen 2001: 41). Traditionelle Inhalte werden im Prozess der neurechten Theoriebildung quasi modernisiert und an die Bedingungen postindustrieller Gesellschaften angepasst (Metzger 2004: 23). Die dabei herangezogenen Rechtfertigungsordnungen bieten einen Anhaltspunkt zur Abgrenzung der Neuen Rechten von „klassischen“ RechtsextremistInnen. (Stöss 1994: 39). Während Letztere den historischen Nationalsozialismus verherrlichen und sich uneingeschränkt positiv auf die „Konservative Revolution“ in der Weimarer Republik beziehen, modifiziert die Neue Rechte deren Positionen. So verwenden neurechte AutorInnen keine eindeutig rassistischen Argumente mehr, welche die vermeintliche Überlegenheit einer speziellen Rasse proklamieren. Stattdessen setzen sie unter dem Schlagwort des „Ethnopluralismus“ auf die Separierung gleichwertiger, aber dennoch als heterogen imaginierter „Völker“ zur Bewahrung deren jeweiliger Identität (ebd. 45). Geteilte Kernelemente der Neuen Rechten sind die Vorstellung von „Völkern“ als homogene Kollektive, ein „identitäres“ statt pluralistisches Demokratieverständnis sowie das Bekenntnis zum Dezisionismus als Theorie autoritären Regierens (Brauner-Orthen 2001: 38ff.).

Im Kontext der bundesdeutschen Entwicklung kommt den Intellektuellen und AutorInnen dieser Strömung eine doppelte „Scharnierfunktion“ zwischen Konservatismus und Rechtsextremismus zu (Gessenharter 1990: 66ff.). Auf inhaltlicher Ebene besteht diese darin, dass die Neue Rechte thematische Brücken zwischen den Positionen beider Lager schlägt.[23] Die organisatorische Verbindung folgt daraus, dass sich Konservative und Rechtsextreme auf Veranstaltungen der Neuen Rechten begegnen und des Öfteren in deren Publikationen miteinander diskutieren (vgl. Gessenharter 1989a). Gerade diese Scharnierfunktion macht die Neue Rechte zu einem höchst relevanten Forschungsgegenstand, insbesondere aus einer diskursanalytischen Perspektive.

---

[23] Gessenharter weist dieses Phänomen exemplarisch am Beispiel der Vorstellungen zu Homogenität im Rechtsextremismus und Konservatismus nach. Während der Rechtsextremismus die Homogenität eines Gemeinwesens über rassistische Kriterien definiert und herstellen will, fokussiert sich der Konservatismus auf Homogenität im kulturellen und moralischen Bereich. Die bereits erwähnten ethnopluralistischen Vorstellungen der Neuen Rechten sind sowohl für rassistische als auch kulturell-moralische Homogenitätskonzepte prinzipiell anschlussfähig und bilden somit ein inhaltliches Scharnier zwischen diesen (Gessenharter 1990: 68).

3.2 Begriffe aus der Geschlechterforschung

A. Geschlecht / Gender

Die vorliegende Arbeit folgt der gängigen Unterscheidung zwischen den Begriffen sex (für das biologische Geschlecht) und gender (für das soziale Geschlecht). Diese Unterscheidung zielt darauf ab, „die Vorstellung einer einheitlichen, auf biologischen Voraussetzungen gründenden geschlechtlichen Identität zurückzuweisen" (Trumann 2002: 130). Da sich im deutschsprachigen Sprachraum keine Übersetzung für gender durchgesetzt hat (Kerner 2004: 141), bringe ich die Differenz im Folgenden mit dem Begriffspaar Geschlecht (für das biologische Geschlecht) und Gender (für das soziale Geschlecht) zum Ausdruck. In Anlehnung an die vom dekonstruktivistischen Feminismus angestoßene Sex-Gender-Kontroverse verstehe ich das biologische Geschlecht hier nicht als vermeintlich „natürliche" Essenz – auch Körperlichkeiten und Begehrensstrukturen haben soziale Ursachen (vgl. Butler 1990). Da der Fokus meiner Arbeit jedoch auf der Herstellung und der Rolle von sozial konstruierten Gender-Bildern liegt, vernachlässige ich die Diskussion um die Entnaturalisierung des biologischen Geschlechts an dieser Stelle.[24]

B. Geschlechterdifferenz

Der Begriff der Geschlechterdifferenz bezeichnet die Vorstellung, die Menschheit ließe sich aufgrund biologischer Unterschiede trennscharf in zwei Gruppen weiblichen und männlichen Geschlechts einteilen. Diese Idee ist eng verbunden mit den im Alltagswissen verankerten Konzepten der Zweigeschlechtlichkeit und der

[24] Vgl. weiterführend dazu die Debatte in Benhabib 1995.

Heterosexualität (Villa 2011: 24f.). Die dabei imaginierten Geschlechterrollen geben keine Auskunft über tatsächlich existierende Differenzen zwischen Menschen, sondern vielmehr über die Unterschiede, die erwartet werden, um der gesellschaftlichen Vorstellung von „Normalität" zu entsprechen (Brück et al. 1997: 63). Wird Geschlecht dabei heteronormativ gedacht, schließt diese Dichotomie geschlechtliche Entwürfe wie Trans- oder Intersexualität sowohl theoretisch als auch begrifflich aus (Walgenbach et al. 2007: 16).

C. Geschlechterverhältnis – Doing Gender

Als in der Gesellschaft verankertes Phänomen ist das Geschlechterverhältnis zwangsläufig ein relationales Verhältnis: sowohl eine Beziehung zwischen Einzelpersonen als auch ein Zusammenhang jenseits der Individuen (Adorno 2003: 66ff.; Becker-Schmidt und Knapp 2001: 56f.). Es ist ebenfalls eine Strukturkategorie, weil die soziale Unterscheidung der Geschlechter eine Trennlinie bildet, welche sozioökonomische und politische Ungleichheiten zwischen Frauen und Männer mit sich bringt (Sauer 2001: 48; vgl. außerdem Beer[25] 1984 und 1991 sowie Connell 1999). Dies zeigt sich insbesondere in der ungleichen Bewertung von Lohn-, Familien- und Fürsorgearbeit, wie sie sich in modernen westlichen Gesellschaften herausbildete (Degele 2008: 63). Prinzipiell lässt sich eine geschlechtsspezifische Diskrepanz in allen europäischen Gesellschaftsformationen nachweisen (vgl. Beer 1991). Die relationalen Wechselbezüge, in denen Frauen und Männer zueinander stehen, sind dabei im Zeitverlauf von sich verändernden Institutionen ge-

[25] Bei Beer ist der Begriff Geschlechterverhältnisse analog zu dem Marxschen Konzept der Klassenverhältnisse formuliert. Damit impliziert sie, dass Geschlechter- und Klassenverhältnisse parallel zu einander entstanden sind, Herrschaftsverhältnisse ausdrücken und objektive Strukturen bilden (Sauer 2001: 48). Um der Gefahr der ökonomistischen Reduktion vorzubeugen, verwende ich einen weiteren Begriff des Geschlechterverhältnisses.

prägt (Becker-Schmidt und Knapp 2011: 39ff.). So bestimmen historische Produktionsverhältnisse, Rechtssysteme und religiöse Vorstellungen exemplarisch die konkrete Ausgestaltung des Geschlechterverhältnisses einer Epoche. Obwohl dieses somit aus sich heraus keinen statischen Charakter aufweist, ist ihm doch eine erhebliche Behaarungskraft eigen. Diese stützt sich auf die ungleiche Bewertung von Weiblichkeit und Männlichkeit sowie die Hierarchisierung von Frauen- und Männerarbeit. Villa spitzt den Effekt dieser historischen Konstanten in Kombination mit der Idee der Geschlechterdifferenz thesenhaft zu: „Soziale Ungleichheit macht aus der Geschlechterdifferenz ein (asymmetrisches) Geschlechterverhältnis“ (Villa 2011: 27). Oder anders formuliert:

> *„Ein androzentristischer Machtanspruch konvergiert mit kapitalistischen Herrschaftsinteressen. Diese Funktion bewirkt – und zwar klassenübergreifend – die Gleichgerichtetheit von Konnexionen, die wir zu Ungunsten von Frauen in den verschiedenen Geschlechterarrangements unserer Kultur vorfinden.“* (Becker-Schmidt und Knapp 2011: 44)

Obwohl festzuhalten ist, dass die soziale Position von Personen nicht ausschließlich durch ihre Geschlechtszugehörigkeit determiniert wird, hat diese Verortung doch erheblichen Einfluss auf die Zuweisung von Lebenschancen und -risiken. Insofern kann das Geschlechterverhältnis begriffen werden als ein

> *„... ideelles Gebilde, eine symbolische Ordnung und ein Sozialgefüge, das eine materielle Basis hat. Die Konstruktionen sind nicht identisch, verweisen aber aufeinander. Sie stützen sich wechselseitig ab, haben eine gemeinsame Sozialgeschichte und sind beide durch eine übergreifende Gesellschaftsformation vermittelt.“* (ebd. 61)

Das Geschlechterverhältnis ist demnach ein Herrschaftssystem, eine symbolische Ordnung, eine institutionelle Ordnung, eine

Interaktionsbeziehung sowie ein sozialpsychologischer Prozess (Villa 2011: 22ff. sowie Sauer 2001: 43ff.).

Für die vorliegende Arbeit ist insbesondere seine symbolische beziehungsweise diskursive Ebene von Interesse. Beide Aspekte verweisen darauf, dass Zweigeschlechtlichkeit und die damit verbundenen Geschlechterrollen keine notwendigen, quasi biologischen Gegebenheiten sind, sondern permanent hergestellt und bestätigt werden müssen (Villa 2011: 74ff.). Geschlecht und Gender sind aus dieser Perspektive vielschichtige soziale Prozesse aus Momenten der Inszenierung und Benennung, der Darstellung und Zuschreibung. Diese alltägliche Reproduktion sinnvoller Geschlechterdifferenzen und Beziehungen wird auch als „doing gender"[26] bezeichnet (Becker-Schmidt und Knapp 2011: 75; vgl. West und Zimmermann 1987). Anders ausgedrückt: Menschen sind gezwungen, ein eindeutiges Geschlecht zu verkörpern, es sich selber einzuschreiben und gleichzeitig von anderen zugeschrieben zu bekommen. Wahrnehmbare Differenzen entstehen also durch aktive Handlungen von Individuen (Walgenbach et al. 2007: 50). Insofern ist auch das Sprechen über Menschen zwangsläufig ein „vergeschlechtlichender" oder „gendernder" Akt, es weist ihnen spezifische Geschlechterrollen und damit verbundene Attribute zu.

Wenn ich im Folgenden über die Konstruktion von Identitäten in der *Jungen Freiheit* schreibe, spielen dabei auch vergeschlechtlichende Aspekte eine wichtige Rolle.

---

[26] „Doing gender involves a complex of socially guided perceptual, interactional, and micropolitical activities that cast particular pursuits as expressions of masculine and femine 'natures'" (West und Zimmermann 1987: 126).

3.3 Antifeminismus

Der Begriff des Antifeminismus liegt konzeptionell an der Grenze zwischen Rechtsextremismus- und Geschlechterforschung. Deshalb führe ich ihn an dieser Stelle gesondert ein. Als Wortschöpfung mit dem Präfix „Anti“ steht Antifeminismus in einem unauflösbaren Verhältnis zum komplementären Begriff Feminismus. Beide Begriffe sind also näher zu bestimmen. Da dies hier nur in Ansätzen möglich ist, schließe ich mich an weiterführende Überlegungen aus Lang und Fritzsche 2018 an.

Feminismus verstehe ich als weit gefasstes, herrschaftskritisches Konzept, das in der Tradition der Kritischen Feministischen Theorie für Liberalisierungen in Familien- und Sexualpolitik, die Entnormierung von Geschlechterverhältnissen und langfristig für die generelle Aufhebung aller Herrschaftsverhältnisse steht (vgl. Kurz-Scherf 2002). In seiner offenen, herrschaftskritischen Fassung weist das Konzept Schnittstellen mit postkolonialen, antirassistischen, und antikapitalistischen Ideen auf. Aufgrund dieser Überschneidungen fokussiert sich die feministische Perspektive nicht ausschließlich auf die zentrale Analysekategorie Geschlecht, sondern berücksichtigt ebenfalls andere gesellschaftliche Strukturkategorien wie Ethnizität oder Klasse. Ein solcher intersektionaler Ansatz ist unabdingbar, wenn etwa die Ethnisierung von Sexismus in ihrer komplexen Verwobenheit mit gesellschaftlichen Verhältnissen analysiert werden soll.

Antifeminismus zeichnet sich analytisch durch die Gegnerschaft zu den eben beschriebenen feministischen Zielen aus. Dabei sucht er keine informierte Auseinandersetzung mit feministischen Theorien und Ansätzen, wie sie etwa feminismuskritische oder geschlechterkonservative Stimmen vorbringen, sondern strebt deren „offensive Bekämpfung“ an, um heteronormative und patriarchale Herrschaftsverhältnisse zu stabilisieren (Lenz 2013: 220f.). Gleichzeitig lässt sich der Antifeminismus nicht allein auf diese Opposition reduzieren. Vielmehr vertritt er darüber hinaus eigenständige Gesellschaftsbilder, die miteinander verschränkte geschlechter-, bevölkerungs- und wirtschaftspolitische Ziele aufweisen.

Auf der geschichtlichen Entwicklung patriarchaler Gesellschaften beruhend, sind antifeministische Phänomene wandlungsfähig und treten jeweils in zeitgenössischen Ausformungen auf. Ein historisch informiertes Antifeminismus-Konzept kann dabei sowohl die geschichtlichen Kontinuitäten als auch die aktuellen Neuerungen erfassen. Gegenwärtig scheint sich beispielsweise ein Wandel in der differenzbegründeten Geschlechterordnung zu vollziehen (vgl. Lenz 2013), der im bundesdeutschen Kontext einhergeht mit dem Übergang vom maskulistischen hin zum familienbezogenen Antifeminismus (vgl. Scheele 2016).

Trotz dieser Dynamiken war und ist Antifeminismus die Verbindungslinie in einem heterogenen Akteursspektrum, das unterschiedliche gesellschaftliche Gruppen umfasst (vgl. Lang und Peters 2018a). Dabei lässt sich zunehmend eine Doppelbewegung beobachten: grundsätzlich bildet das gemeinsame Festhalten an biologistischen und heteronormativen Vorstellungen von Geschlecht sowie die Ablehnung pluralistischer Lebensstile eine Art „Kitt“, der ansonsten durchaus widersprüchliche politische Positionen vereint und zusammenhält (vgl. Lang 2015a). Dennoch entwickeln sich die Feindbilder Feminismus und Gender gegenwärtig auch zu einer Art kulturellem Code, der als Schlagwort eine Reihe anderer politischer Standpunkte mittransportiert, ohne sie explizit formulieren zu müssen. Dazu gehören etwa die Skepsis gegenüber Prinzipien der liberalen Demokratie und eine kritische Haltung gegenüber nationalstaatlichen und europäischen Institutionen (vgl. Grzebalska et al. 2017).

4. Forschungsstand: Geschlecht in der Rechtsextremismusforschung

In diesem Kapitel geht es mir darum, den Forschungsstand zu geschlechtsspezifischen Fragen im Rechtsextremismus vorzustellen und mögliche Leerstellen zu beleuchten. Dazu beginne ich zunächst mit einem Rückblick auf die Behandlung des Themas in der etablierten Politikwissenschaft, bevor ich im Anschluss daran exemplarisch die diesbezügliche Debatte zwischen Heitmeyer und seinen feministischen Kritiker*innen vorstelle. Nach einem Blick auf die gegenwärtige Empirie endet das Kapitel mit Hinweisen zur Untersuchung des diskursiven Zusammenhangs zwischen Geschlecht, Gender und Rechtsextremismus, welche einen wesentlichen theoretischen Bezugspunkt meiner Arbeit bilden.

4.1 Rückblick: In der „traditionellen" Politikwissenschaft

Die moderne deutsche Rechtsextremismusforschung beschäftigte sich ab den 1980er Jahren mit geschlechtsspezifischen Aspekten, wobei zunächst Fragen der Wahl- und Einstellungsforschung im Vordergrund standen. Drei Impulse begründeten diese Auseinandersetzung: sich verändernde Perspektiven in der Geschichtswissenschaft[27], mehrere empirische Studien zu Fragen der Einstellungsforschung sowie die Wahlerfolge der Partei „Die Republikaner" (REP)

[27] Die sozialhistorische Debatte in den Geschichtswissenschaften stellte die Frage nach der Mittäterschaft von Frauen im Nationalsozialismus und widerlegte die bis dahin dominante Vorstellung einer weiblichen Opferperspektive (vgl. Thürmer-Rohr 1983; Ebbinghaus 1987; Reese 1991).

(Birsl 2011: 11). Im engeren Sinne politikwissenschaftlich relevant werden im Folgenden die beiden letzteren Aspekte vorgestellt.

Nach dem Zusammenbruch des Hitler-Regimes 1945 existierten in der Bundesrepublik politische Gruppierungen fort, die mit dem Nationalsozialismus sympathisierten.[28] Beispiele hierfür sind das Umfeld der 1952 verbotenen Sozialistischen Reichspartei (SRP) sowie jenes der 1965 aufgelösten Deutschen Reichspartei (DRP). Während des wirtschaftlichen Aufschwungs in der BRD ab den 1950er Jahren schwand jedoch die Anziehungskraft dieser Organisationen. Die Wahlerfolge der NPD in der zweiten Hälfte der 1960er Jahre[29] waren erneut Ausdruck des fortbestehenden neonazistischen Potentials. 1974 führte das Bundesamt für Verfassungsschutz wie weiter oben ausgeführt den Rechtsextremismusbegriff ein, um damit verfassungsfeindliche Bestrebungen von rechts zu bezeichnen, die außerhalb des parlamentarischen Spektrums stattfanden (für parlamentarische Aktivitäten war fortan der Begriff Rechtsradikalismus reserviert). Dabei blieben die Aktivitäten des Verfassungsschutzes und die diesbezügliche öffentliche Debatte weiterhin auf das Handeln von Personen und Organisationen konzentriert. Erst die Sinus-Studie von 1981 zur Verbreitung rechtsextremistischen Gedankenguts fokussierte sich explizit auf die Ebene der Einstellungen. Etwa 13% (5 Millionen) aller Wähler*innen in der BRD verfügten nach Angaben der Studie über ein geschlossenes rechtsextremes Weltbild (Greiffenhagen 1981: 78), was für öffentliche Aufmerksamkeit sorgte. In Bezug auf Motivationslagen von Frauen und Männern stellten die beteiligten Forscher*innen keine geschlechtsspezifischen Ungleichverteilungen fest und gingen deshalb davon aus, dass „Frauen und Männer gleichermaßen anfällig bzw. unerreichbar für

[28] Ähnlich ideologisch orientierte Gruppierungen gab es auch in der Deutschen Demokratischen Republik (DDR). Da die gegenwärtige Rechtsextremismusforschung allerdings stark von den westdeutschen Gegebenheiten geprägt ist, bleibt die ostdeutsche Entwicklung hier unberücksichtigt.

[29] 1964 gegründet, zog die Partei schon 1966 in die Länderparlamente von Hessen und Bayern ein. 1967 folgten Bremen, Rheinland-Pfalz, Niedersachsen und Schleswig-Holstein, 1968 Baden-Württemberg. Bei der Bundestagswahl 1969 verfehlte die Partei den Einzug in den Bundestag mit 4,3% der Stimmen nur knapp.

rechtsextreme Ideologie sind" (ebd. 87). Die ebenfalls 1981 durchgeführte Shell-Jugendstudie zu Lebensentwürfen, Alltagskulturen und Zukunftsbildern wiederum diagnostizierte eine deutliche Geschlechterdifferenz hinsichtlich des Einstellungsmerkmals Autoritarismus: unter den befragten Jugendlichen neigten deutlich mehr Jungen (61%) dazu als Mädchen (39%) (Fischer 1982: 511). Befunde der Jugendsurvey 1992 des Deutschen Jugendinstitutes zeichneten dagegen ein ambivalentes Bild: während im Spektrum der Links-Rechts-Orientierung Jungen sich häufiger als „rechts" positionierten (Hoffmann-Lange 1995: 169) war das Verhältnis in Bezug auf nationalistische Positionen weitgehend ausgeglichen (ebd. 233).[30] Im selben Zeitraum lieferte die Parteienforschung ebenfalls erste geschlechtsbezogene Ergebnisse.

Bei den Wahlen zum Berliner Abgeordnetenhaus sowie zum Europäischen Parlament 1989 erzielte die Partei der Republikaner überraschende Erfolge.[31] Anlässlich dieser Entwicklung untersuchte Hofmann-Götting die WählerInnenstruktur der REP, der NPD und der DVU bei den Europawahlen, um bisher nicht vorliegende Erkenntnisse über deren Zusammensetzung zu gewinnen. Dass alle drei Parteien jeweils zu zwei Dritteln von Männern gewählt wurden, ist die Kernaussage seiner Studie „Die neue Rechte: die Männerparteien" (Hofmann-Götting 1989: 8). Dieser Befund etablierte das Label der „Männerparteien" für REP, NPD und DVU (Däubler-Gmelin und Kießler 1990: 122ff.), auch weil Hofmann-Götting davon ausging, dass die geschlechtsspezifische Verteilung der WählerInnenstimmen zukünftig konstant bleiben würde. Anhaltspunkte für diese

---

[30] Einschränkend zu den Jugendstudien ist anzumerken, dass diese die Kategorie Geschlecht nicht tiefgreifend untersuchten und somit nur weitgehend geschlechtsblinde Ergebnisse produzieren konnten (Weber 2012: 26).

[31] In Westberlin erst 1983 gegründet, holten die Republikaner im selben Jahr 7,5% der Stimmen bei der Wahl zum Berliner Senat. Ebenfalls 1989 erzielten sie bei der Europaparlamentswahl im ersten Anlauf bundesweit 7,1% der Stimmen (Hirsch und Metz 1989: 8).

Annahme sah er zunächst in der historischen Entwicklung des Wahlverhaltens.[32] Bereits in der Weimarer Republik wählten Männer häufiger die NSDAP als Frauen (Hofmann-Götting 1989: 48ff.). Des Weiteren vermutete Hofman-Götting, dass Frauen sich im Vergleich zu Männern generell weniger von den programmatischen Inhalten extrem rechter Parteien angesprochen fühlen. Seine Untersuchung bot zunächst praktische Anknüpfungspunkte für weiterführende Studien. Die empirischen Ergebnisse standen in einem Spannungsverhältnis zu den Resultaten der Einstellungsforschung: an die Shell-Jungendstudie knüpften sie an, die Sinus-Studie schienen sie zu widerlegen. Auf noch mehr Resonanz stieß jedoch Hofmann-Göttings These zu den geschlechtsspezifischen Motivationslagen. Waren Frauen wirklich resistenter gegenüber rechtsextremen Politikangeboten? Diese Frage regte eine weitreichende Debatte darüber an, welche Gründe hinter den beobachtbaren Einstellungsmustern von Frauen und Männern liegen. Exemplarisch dafür stelle ich im Folgenden den modernisierungstheoretischen Ansatz Heitmeyers sowie die daran vorgebrachten feministischen Kritiken vor, da diese Positionen als wesentliche Referenzpunkte in der Diskussion gelten.

4.1.1 Der Ansatz Heitmeyers und seine geschlechtsspezifischen Implikationen

Die frühen Arbeiten des Soziologen Heitmeyer griffen die bisherigen Resultate der Einstellungsforschung auf und widmeten

---

[32] Falter weist in seiner Untersuchung der WählerInnenschaft der NSDAP zwischen den Jahren 1924 und 1932 nach, dass Frauen zunächst weniger häufig für die Partei stimmten als Männer. Erst ab 1928 erfolgte ein deutlicher Zuwachs der von Frauen für die NSDAP abgegeben Stimmen, wobei dabei in der Betrachtung der einzelnen Geschlechter prozentual weiterhin mehr Männer die NSDAP wählten als Frauen (Falter 1991: 142f.). Dass Frauen seltener rechtsextremistische Parteien wählen, kann Falter auch für die Wendezeit zwischen 1989 und 1993 nachweisen (Falter 1994: 28ff.). Die von ihm beschriebene Tendenz hält sich bis in die Gegenwart (Weber 2012: 50).

sich vertiefend der Verbreitung und Entstehung rechtsextremistischer Einstellungen bei Jugendlichen (vgl. Heitmeyer 1985, 1987, 1989). Dabei untersuchte er zunehmend die Frage, unter welchen Voraussetzungen diese Einstellungen entstehen und nimmt dabei insbesondere die zeitgenössischen Sozialisationsbedingungen in den Blick. In Bezugnahme auf die modernisierungstheoretischen Arbeiten Becks (vgl. Beck 1986) versteht Heitmeyer die Sozialisation Jugendlicher als ambivalenten Individualisierungsprozess, der neben zusätzlichen Aufstiegschancen den Verlust traditioneller Bindungen mit sich bringt (Heitmeyer 1987: 65). Diese Kontinuitätsbrüche bergen die Gefahr der Orientierungslosigkeit, in der verunsicherte Jugendliche sich auf der Suche nach Verhaltensgewissheiten kollektiven Identitäten zuwenden. Für Heitmeyer besitzen diese Identitäten im Beckschen Sinne die „eigentümliche Konkretheit von Naturkategorien“, orientieren sich also an (scheinbar) eindeutigen Merkmalen wie Ethnizität, Hautfarbe oder Alter (Heitmeyer 1992: 101).[33] Diese Hinwendung Jugendlicher zu nationalistischen und rassistischen Identitätsangeboten verstand Heitmeyer als „politischen Ausweg“ in ein abgesichertes und historisch konstantes Leitbild (ebd. 102). Insofern besteht für ihn ein theoretischer Zusammenhang zwischen den mit der Modernisierung einhergehenden Individualisierungstendenzen, den Schwierigkeiten der Identitätsbildung im Jugendalter und der Zuwendung zu rechtsextremistischen Orientierungsmustern. Diese Annahme wird auch als Individualisierungsthese bezeichnet (Butterwege 1996: 81ff.).

Obwohl Heitmeyers frühe Arbeiten die Kategorie Geschlecht weder als solche konzipierten noch berücksichtigen, kam er dennoch zu geschlechtsspezifischen Ergebnissen. Seiner Ansicht nach reagieren Jungen auf erfahrene Verunsicherungen stärker mit der in

[33] Es ist bezeichnend, dass Heitmeyer in seiner Aufzählung vermeintlich natürlicher Kategorien (im Original: „Rasse, Hautfarbe, Alter etc.“) die Kategorie Geschlecht nicht explizit erwähnt oder sie im besten Fall nur unter „etc.“ zusammenfasst (Heitmeyer 1992: 101), obwohl sie in Becks Text genannt wird („Rasse, Hautfarbe, Geschlecht, ethnische Zugehörigkeit, Alter, körperliche Behinderungen“ Beck 1986: 159.) Dieser Umstand verweist auf die unzureichende Berücksichtigung des Faktors Geschlecht als solchen in Heitmeyers früheren Arbeiten.

rechtsextremen Weltbildern strukturell nahegelegten Abwertung Anderer, weshalb Heitmeyer seine Forschungen 1992 mit einer qualitativen Untersuchung zur „politischen Sozialisation männlicher Jugendlicher“[34] fortsetzte.

4.1.2 Feministische Kritiken am Individualisierungsansatz

Heitmeyers Studien veranlassten feministische Wissenschaftler*innen in den 1990er Jahren zu einer intensiven Auseinandersetzung mit den darin formulierten Ansätzen und Ergebnissen. Vereinfachend lassen sich zwei Stränge der Debatte unterscheiden: die Individualisierungsthese weiterentwickelnde und sie widerlegende Perspektiven (Amesberger und Halbmayr 2002: 43ff.; Bitzan 2000: 85). An Heitmeyer anknüpfend, untersuchten Birsl und Siller die spezifischen Sozialisationsbedingungen von Frauen und Männern (vgl. Birsl 1994; Siller 1997). Dabei wiesen die Forscher*innen auf spezifische Belastungen in der „doppelten Vergesellschaftung“ von Frauen hin, die ebenfalls Gefühle der Ohnmacht und Orientierungslosigkeit hervorbringt (Birsl 1994: 311ff.). Stärker als Heitmeyer stellen sie jedoch heraus, dass die Art und Weise der Verarbeitung dieser Belastungen entscheidend ist (Siller 1997: 244ff.). Der geschlechtsspezifische Umgang mit Erfahrungen von Verunsicherung und Diskriminierung kann „sowohl zur Ablehnung als auch zur Zustimmung zu rechtsextremistischen Weltbildern beitragen“ (Ottens 1997: 204). Explizit kritisch gegenüber der Individualisierungsthese

[34] Den systematisch angelegten Ausschluss von weiblichen Jugendlichen begründet er damit, „dass die Zusammenhänge zwischen Ideologie der Ungleichheit und Gewaltakzeptanz in ihren vielfältigen Formen des Zusammenfließens, Verschärfens ober Abebbens zunächst ‚einfacher‘ bei männlichen Jugendlichen eruierbar erschienen, weil die Phänomene gerade auch auf der sprachlichen Ebene offener zutage treten“ (Heitmeyer 1992: 52). Obwohl Heitmeyer an derselben Stelle eine „notwendige qualitative Analyse von Verlaufsprozessen bei weiblichen Jugendlichen“ ankündigt, wurde diese von ihm nicht vorgenommen (ebd.).

positionierten sich Holzkamp und Rommelspacher mit ihrem Konzept der Dominanzkultur. Sie lehnten es ab, Männer als „Modernisierungsverlierer“ zu betrachten und sahen darin einen Versuch der „Täterentlastung“[35]. Stattdessen nehmen sie über Heitmeyer hinausgehend an, dass alle Individuen Bearbeitungsmuster für aus der Individualisierung entstehende Konflikte entwickeln müssen, die sich um Dominanz oder Unterwerfung, Kooperation oder Auseinandersetzung drehen können (Rommelspacher 1992: 86). In der spätkapitalistischen Gesellschaft mit ihrem repressiven Geschlechterverhältnis sehen Rommelspacher und Holzkamp die Tendenz, Hierarchisierungsformen als Wege der Konfliktbearbeitung zu etablieren. Aus dieser Perspektive sind Phänomene wie Rassismus und Sexismus Formen der Privilegienverteidigung, die über Geschlechtergrenzen hinweg tief in der bundesdeutschen Gesellschaft verankert sind (Holzkamp 1994: 37ff.; vgl. auch Held et al. 1992). In ihrem Konzept der Dominanzkultur stellen die Autor*innen heraus, wie Frauen sich in einem Spannungsverhältnis aus erfahrener Unterdrückung und aktiver Diskriminierung bewegen, also durchaus nicht immer „passiv“ und friedliebend sind. Dies gilt insbesondere dann, wenn die Möglichkeit einer Akzeptanz rechtsextremer Weltbilder bei gleichzeitiger Ablehnung direkter Gewaltausübung mitgedacht wird. An Heitmeyer angelehnte Rechtsextremismusdefinitionen hatten den Aspekt der Gewaltakzeptanz betont und die Definition somit „männlich“ verengt (Butterwege 1996: 82; vgl. auch Horn-Metzger und Riegel 1995).

Die rege Debatte zwischen den Vertreter*innen der einzelnen Ansätze mündete Ende der 1990er Jahre in dem vorläufigen Konsens, dass prinzipiell keine geschlechtsspezifischen Formen rechtsextremistischer Einstellungsmuster vorliegen, auch wenn Frauen

---

[35] „Solche Analysen erinnern unwillkürlich an das Kernstück patriarchaler Argumentationskunst, in dem die Ungleichheit zwischen den Geschlechtern nicht wahrgenommen und die Priviligierung und Vorteilnahme von Männern geleugnet wird. Auch hier werden die Ursachen männlicher Dominanz und Gewalt immer in den bedauernswerten sozialen Verhältnissen oder persönlich tragischen Biographien gesucht. Männer werden so gleichermaßen wie Frauen zum Opfer, wenn sie nicht gar die eigentlichen Opfer sind.“ (Rommelspacher 1992: 82)

und Männer sich als politisch Handelnde unterschiedlich verhalten. Der aktuelle Stand der empirischen Forschung stützt diese Einschätzung weiterhin, was ich im Folgenden kurz diskutiere.

4.2 Blick auf die Empirie: das Geschlecht der extremen Rechten

Sowohl in der feministisch inspirierten als auch in der politikwissenschaftlichen Rechtsextremismusforschung besteht derzeit weitgehend Einigkeit darüber, wie ausgeprägt die geschlechtsspezifischen Differenzen im Hinblick auf Handlungs- und Organisationsformen sind. Die folgenden Zahlen zur Beteiligung von Frauen nach Aktivitätsstufen gelten als gesichert:

Tabelle 1. Überblick zu geschlechtsspezifischen Handlungs- und Organisationsformen

Form	**Anteil von Frauen**
Rechtsextreme Gewalttaten	bis zu 10%
Parteien	ca. 20%
Kameradschaften, Organisationen, Cliquen etc.	ca. 10-33%
Wählerschaft rechtsextremer Parteien	ca. 33%
Rechtsextreme Einstellungen	ca. 50%

Quelle: Bitzan 2017: 340.

Exemplarisch für die bundesdeutsche Debatte weist Stöss nach, dass zwar eine geschlechtsspezifische Differenz im Wahlverhalten und in der Gewaltbereitschaft von Männern und Frauen existiert, dennoch aber „keine geschlechtsspezifische Resistenz gegenüber rechtsextremen Einstellungen besteht" (Stöss 2009: 56). Er führt die unterschiedlichen Gewichtungen im Wahlverhalten auf divergierende Zielvorstellungen beider Geschlechter zurück: während Männer aus Überzeugung konstant rechtsextreme Parteien wählen und eine starke Bindung an diese aufweisen, besitzen Frauen eine weniger ausgeprägte Parteipräferenz und orientieren sich stärker an den Alltagsproblemen ihrer Lebenswelt. Dies lässt sie stärker verschiedene Protestparteien, auch aus dem linken Spektrum, wählen (ebd. 58ff.). Die drastische Diskrepanz bei den Gewalttaten leitet Stöss aus der unterschiedlichen Bereitschaft der Geschlechter zur aktiven Ausübung von Gewalt ab. Während Männer und Frauen eine ähnlich passive Gewaltbereitschaft besitzen, bevorzugen Frauen die Delegation aktiver Gewalt an Männer und beschränken sich eher auf die Bestätigung der männlichen Täter und die Fürsorge für diese (ebd. 60ff.).

Eine ähnliche Position bezieht Mudde stellvertretend für die internationale Debatte (die sich vor allem auf rechtsextreme Parteipolitiken bezieht). Auch er erkennt die Unterrepräsentation von Frauen auf der Ebene der WählerInnen, der Mitglieder und der Führungskräfte rechtsextremer Parteien an. Gleichzeitig weist Mudde darauf hin, dass diese Proportionen in den gesamtgesellschaftlichen Kontext europäischer Länder eingeordnet werden müssen (Mudde 2007: 102). Verglichen mit anderen europäischen Parteien liegen rechtsextreme Parteien in der geschlechtsspezifischen Zusammensetzung deutlich hinter linken und grünen Parteien, aber gleichauf mit konservativen. Unterschiede im Wahlverhalten und der Gewaltausübung erklärt Mudde analog zu Stöss ebenfalls mit der geschlechtsspezifischen Sozialisation (ebd. 118). Somit lässt sich zusammenfassen, dass der manifeste Rechtsextremismus (in Bezug auf das Wahlverhalten, den Organisierungsgrad und die Gewaltausübung) gegenwärtig stärker von Männern geprägt ist, nicht jedoch der latente (Gewaltbereitschaft, Einstellungen).

Nachdem ich bis hierher den Stand der etablierten Rechtsextremismusforschung sowie die frühen feministischen Kritiken vorgestellt habe, nehme ich jetzt Fragen des diskursiven Rechtsextremismus, also der Bedeutung von rechtsextremen Debatten und Rollenbildern in den Blick. Die diesbezügliche, geschlechtsspezifische Forschung formierte sich erst in den letzten beiden Jahrzehnten.

4.3 Beginnende Forschung zur diskursiven Rolle von Geschlecht

Ausgangspunkt der geschlechterreflektierenden diskursiven Forschung waren die Arbeiten feministischer Autor*innen, welche die spezifischen Weiblichkeitsentwürfe im rechtsextremen Spektrum untersuchten, häufig mit text- oder diskursanalytischen Methoden. Exemplarisch zu nennen sind die wegweisenden Studien Bitzans zu Weiblichkeitskonzepten extrem rechter Autorinnen (vgl. Bitzan 1997 und 2000), aber auch die ähnlich gelagerte Arbeit von Veichtlbauer und Liebhart zu Weiblichkeitsbildern in neokonservativen und rechtsextremen Diskursen (vgl. Veichtlbauer und Liebhart 1997). Übereinstimmend kamen die Forscher*innen dabei zu dem Ergebnis, dass rechtsextreme Diskurse „widersprüchliche Identifikationsmuster“ für Frauen bereithalten (Veichtlbauer und Liebhardt 1997: 142). Auch die Auffassungen darüber, wie das Geschlechterverhältnis als solches zu begreifen sei, schwanken zwischen „egalitären und eindeutig polaren Vorstellungen“ (Bitzan 1997: 13). Daran anknüpfend beobachtet Lang, wie „Diskussionen über Geschlechterrollen szeneübergreifend an Qualität und Quantität gewinnen“ (Lang 2010: 141). In ihrer Studie zu Frauenbildern in der NPD arbeitet sie die „Pluralität an gelebten Geschlechterbildern“ heraus, die mittlerweile im Umfeld der Partei existieren (Lang 2013: 103).

Zugleich betont sie, dass „selbst innerhalb der völkisch-hierarchischen Ordnung der Partei Geschlechterverhältnisse nicht überhistorisch gesetzt sind, sondern – in einem abgesteckten Rahmen – immer wieder neu ausgehandelt werden“ (ebd.). Im Widerspruch zu den Ergebnissen Langs beobachtet Weber im Umfeld der NDP eher eine diskursive „Re-Traditionalisierung“ der Geschlechterbilder (Weber 2012: 125). Auch im Bereich der Männlichkeitsforschung existiert gegenwärtig der Konsens, dass „Männlichkeit, männliche Identitäten und männliche Rollen keine überhistorischen festen Größen sind, sondern historisch vielfältig und wandelbar“ (Opitz-Belakhal 2008: 31). Geden stellt in seiner wegweisenden Studie zu Männlichkeitskonstruktionen in der FPÖ fest,

> *„... dass im Rechtsextremismus selbst vorfindbare Männlichkeitskonstruktionen aber nicht untersucht wurden, weder auf der Ebene medialer Diskurse noch in Alltagsdiskursen der engagierten Männer selbst, erst recht nicht in deren alltäglichen vergeschlechtlichten Praktiken innerhalb und außerhalb der jeweiligen Organisationen.“* (Geden 2004: 24f.)

Claus, Lehnert und Müller nehmen sich dieser Leerstelle an, indem sie in ihrem Sammelband zu Männlichkeit und Rechtsextremismus herausarbeiten, welche spezifische Form von Männlichkeiten in der Szene existiert und wie diese sich relational von anderen Männlichkeiten und Weiblichkeiten abgrenzt (vgl. Claus et al. 2010). Unter anderem konstatieren sie eine „umfassende Modernisierung rechtsextremer Männlichkeiten“ (Heilmann 2010: 54). Gleichzeitig existieren diese immer noch in engen Grenzen, wie Overdieck am Beispiel des szeneinternen Umgangs mit Homosexualität belegt (Overdieck 2013: 128ff.). Explizit auf das Feindbild des Gender-Konzeptes konzentrieren sich die Autor*innen des 2015 erschienenen Sammelbandes zum „Anti-Genderismus“. Hier beleuchten sie exemplarisch die Verbindungen zwischen Anti-Genderismus und Antifeminismus sowie das Entstehen neuer konservativer und religiöser Protestbewegungen in Deutschland, Frankreich und Polen (vgl. Hark und Villa et al. 2015).[36]

Diese explorativen Studien trugen dazu bei, erste Erkenntnisse über die Bedeutung von Geschlechterkonstruktionen im Rechtsextremismus zu gewinnen. Die feministischen Autor*innen der 1990er Jahre hatten Geschlecht als Strukturkategorie in die Diskussion der Rechtsextremismusforschung eingeführt, die „als soziale und politische Konstruktion […] Männern und Frauen unterschiedliche Lebensbedingungen und -chancen zuweist" (Ottens 1997: 209). Die diskursiven Forschungen halfen dabei zu verstehen, wie das „dichotome, patriarchale Geschlechterverhältnis die innere Ordnungsinstanz im Rechtsextremismus darstellt" (Lehnert 2010: 89). Dennoch finden ihre Ergebnisse nur selten Eingang in die „klassisch" politikwissenschaftliche Rechtsextremismusforschung.

Wenig Aufmerksamkeit erhält auch die Rolle, die vergeschlechtlichten (gegenderten) Motiven, Aussagen und Topoi in rechtsextremen Diskursen zukommt. Deren diskursive Funktion beleuchten die Arbeiten Norocels. Darin weist er beispielsweise auf die Bedeutung von vergeschlechtlichten Metaphern für Phänomene wie die Konstruktion nationaler Homogenität („Familie") oder die Beanspruchung der politischen Führungsrolle („Vater") hin (vgl. exemplarisch Norocel 2010, auch 2011, 2013, und 2016).

Rückblickend lässt sich festhalten, dass die Forschung zur diskursiven Rolle von Gender im Rechtsextremismus noch im Entstehen begriffen ist, auch was die Integration verschiedener Analysemethoden angeht.

Meine Untersuchung nimmt sich zwei wesentlichen Fragestellungen des bis hierher geschilderten Forschungsstandes an. Zunächst geht es mir darum, die geschlechtspolitischen Positionen der Neuen Rechten anhand ausgewählter Debatten in der *Jungen Freiheit* konkreter zu untersuchen. Die vorgestellten Arbeiten zu Weiblichkeits- und Männlichkeitsentwürfen in der rechten Szene legen

---

[36] Auf einzelne Beiträge aus dem Sammelband komme ich im weiteren Verlauf der Arbeit noch zurück.

nahe, dass sich die Rollenbilder in begrenzten Rahmen zu pluralisieren beginnen, was aktuelle Forschungen notwendig macht und zudem erklärungsbedürftig ist. Des Weiteren will ich mit der Untersuchung von gegenderten Zuschreibungen und Argumentationsmustern explizit die linguistische Dimension neurechter Diskurse in den Blick nehmen und so zur Anreicherung des diesbezüglichen Forschungsstandes beitragen.

Im größeren Rahmen geht es mir auch darum, in die generelle Debatte um die Bedeutung der Kategorien Geschlecht und Gender in der Rechtsextremismusforschung zu intervenieren, da diese meiner Ansicht nach immer noch vernachlässigt werden. Zu diesem Zweck stelle ich im Folgenden meine diesbezüglichen konzeptionellen Überlegungen vor.

5. Konzeptioneller Ansatz

In diesem Kapitel entwickle ich einen theoretischen Rahmen, mit dessen Hilfe ich die Veränderungen in den geschlechtspolitischen Positionen der Neuen Rechten begreifen und untersuchen will. Dabei setze ich mich zunächst mit weitgehend impliziten Annahmen auseinander, die ich hier zu heuristischen Zwecken als Liberalisierungsargument bezeichnen will. Im Anschluss daran arbeite ich im Rückgriff auf die frühe Autoritarismusforschung und die Kritische Theorie eigene Annahmen darüber heraus, wie sich geschlechtspolitische Positionen zu den anderen Elementen rechter Weltbilder verhalten und beleuchte das Liberalisierungsargument dabei kritisch. Das Kapitel endet mit meinen Schlussfolgerungen für den weiteren Verlauf der Untersuchung.

5.1 Das Liberalisierungsargument

5.1.1 Das Liberalisierungsargument als heuristisches Mittel

Im vorausgegangenen Kapitel habe ich die Vernachlässigung der Faktoren Geschlecht und Gender als Analysekategorien der Rechtsextremismusforschung problematisiert, insbesondere in Bezug auf deren diskursive Aspekte. Die Frage, warum dieses Defizit existiert, ist schwierig zu beantworten, da Forschende den vorgenommenen Ausschluss geschlechtsspezifischer Aspekte sehr selten explizit begründen. Dieser Umstand erschwert es mir, die tatsächlichen Gründe für diese Exklusion zu diskutieren, zumal sich diese im Einzelfall selbstverständlich unterscheiden können. Ich bin jedoch zu der Alltagsbeobachtung[37] gekommen, dass diesen Ausschlüssen oft eine Reihe von Annahmen zugrunde liegt, die ich im Folgenden als Liberalisierungsargument zusammenfassen möchte. Ich führe dieses Motiv an dieser Stelle bewusst als heuristisches Mittel ein, welches mir dabei helfen soll, die oft nur subtil mitschwingenden Annahmen zugespitzt zu bündeln und zu diskutieren, in dem ich sie behandle, als seien sie als explizite Aussagen formuliert. Diese Herangehensweise hat natürlich Konsequenzen für die Aussagekraft der Untersuchung, die ich im Fazit diskutieren muss. Dennoch erachte ich das Vorgehen an dieser Stelle als erlaubt und zielführend, weil es mir die Diskussion unterschiedlicher Blickwinkel auf die Bedeutung des Faktors Geschlecht für die Neue Rechte erleichtert.

Grundannahme des Liberalisierungsargumentes scheint mir die Idee zu sein, dass sich das Geschlechterverhältnis der Gesamtgesellschaft in den letzten Jahrzehnten modernisiert habe. Diese Vorstellung knüpft an einige Befunde des weiter oben angeführten Forschungsstandes an, ignoriert aber die gegenläufigen Ergebnisse. Von der Modernisierungsprämisse ausgehend, wird dann ein Wandel im früher patriarchalen Weltbild rechtsextremer Bewegungen und Parteien konstatiert. Dieses sei ebenfalls liberaler geworden, was es nun rechtfertige, auf intensive geschlechtsspezifische Untersuchungen zu verzichten. Bevor diese Schlussfolgerung problematisiert werden kann, ist zunächst die Kernthese einer umfassenden Liberalisierung des zeitgenössischen Geschlechterverhältnisses zu erörtern. Ohne die Debatte an dieser Stelle erschöpfend führen zu können, will ich bereits meine Zweifel an der Richtigkeit der Annahme herausstellen.

[37] Ausgangspunkt dieser Beobachtungen waren Diskussionen im Forschungskolloquium für Masterstudierende im Wintersemester 2015/16 am Lehrstuhl für Vergleichende Politikwissenschaft der Europa-Universität in Frankfurt/Oder.

5.1.2 Welche Liberalisierung?

Wenn von einer Liberalisierung oder Modernisierung des Geschlechterverhältnisses ausgegangen wird, stehen dahinter in der Regel zwei grundlegende Annahmen: 1. Die bestehenden Strukturen der Ungleichheit zwischen Frauen und Männern, etwa im Bereich der Einkommensverteilung, der sozialen Absicherung, aber auch in der Betroffenheit von körperlicher und sexueller Gewalt, hätten sich weitgehend aufgelöst. 2. Die traditionellen Geschlechterstereotype, also die verfügbaren Formen geschlechtlicher Identitätsentwürfe hätten sich pluralisiert und ausdifferenziert. Wie steht es um den Wahrheitsgehalt dieser Aussagen?

Als typisch für das Geschlechterverhältnis in westlichen Gesellschaften in der ersten Hälfte des 20. Jahrhunderts können die Rollenbilder der pseudo-masculinity und pseudo-femininity gelten, wie sie die Forschungsgruppe zur Autoritären Persönlichkeit exemplarisch herausarbeitete. Beide Stereotype zeichneten sich durch eine idealtypische Repräsentation vermeintlich essenzieller, also angeblich auf natürliche Unterschiede zurückführbarer Eigenschaften aus. Die Pseudo-Männer „verkörperten“[38] Energie, Unabhängigkeit, Entschlossenheit und Willenskraft, während sie Eigenschaften wie Passivität ablehnten. Demgegenüber gaben sich die Pseudo-Frauen als bescheiden sowie häuslich orientiert und verneinten, selbst „maskulin“ konnotierte Eigenschaften zu besitzen (Adorno et al. 1950: 428). Diese dominanten Geschlechterrollen gingen einher mit dem für das Zeitalter des Fordismus typischen Modell der heterosexuellen Kleinfamilie, die aus dem männlichen Familienernährer und der weiblichen Mutter und Hausfrau bestand. Die Wirtschaftskrisen der 1970er Jahre erschütterten diesen Zustand jedoch nachhaltig. Im Übergang zu neoliberalen Gesellschaftsformationen mit ihren Konzepten von Eigenverantwortung und Selbstständigkeit wurde die Erwerbstätigkeit von Frauen sozial erwünscht,

---

[38] Formulierungen wie ‚verkörpern‘ beziehen sich bewusst auf das Konzept des „doing gender‘, welches ich im Unterkapitel 3.2 vorstellte.

so dass sich das Zwei-Verdiener*innenmodell als Regelfall etablierte (Winkler 2013: 120). Die auch von der Zweiten Frauenbewegung vorangetriebene Emanzipation der Frauen im ökonomischen und sozialen Bereich veranlasste einige sogar dazu, vom drohenden „Ende der Männer“ zu sprechen. So beobachtet Rosin, dass moderne Frauen sich durch gestiegene Flexibilität und Leistungsfähigkeit auszeichnen, während zeitgenössische Männer Schwierigkeiten haben, sich vom tradierten Ideal des Familienernährers zu verabschieden. Sie identifizieren sich auch weiterhin eher mit „männlichen“ Charaktereigenschaften und wahren Distanz zu „weiblich“ konnotierten, während Frauen sich zunehmend vormals eindeutig „männliche“ Attribute wie Unabhängigkeit und Eigenständigkeit aneignen (Rosin 2013: 17ff.). Diese Perspektive[39] ist anschlussfähig für die gerade in neurechten Kreisen häufig beschworene „Krise der Männlichkeit“, auf die ich gleich noch zurückkomme.

Die These einer Erschütterung des Geschlechterverhältnisses erhielt im Zuge der seit 2009 andauernden Finanz- und Wirtschaftskrise weiteren Zuspruch, als traditionelle Männererwerbsbranchen wie die Autoindustrie oder das Baugewerbe einbrachen und die Männerarbeitslosigkeit zunächst überproportional anstieg. Die Annahme, in ökonomischen Krisenzeiten verändere sich das Geschlechterverhältnis, ist für meine Überlegungen relevant, da sie das implizite Liberalisierungsargument von Teilen der Rechtsextremismusforschung stützt. Die verbindende Vorstellung ist, dass Frauen nun sowohl ökonomisch, politisch und sozial erfolgreich sind und Männer sogar tendenziell überflügeln. Als Folge dieser Entwicklungen würde Weiblichkeit aufgewertet werden und diskriminierende sexistische Positionen und Praxen zunehmend der Vergangenheit angehören.

---

[39] Ich konzentriere mich auf die Diskussion dieses Aspektes, da mir die ökonomische Perspektive der dominante Narrativ zu sein scheint. Selbstverständlich ließen sich noch weitere Gesichtspunkte anführen.

Zur Relativierung dieser Annahmen kann ich hier nur einige zentrale Punkte anführen. Im Hinblick auf die ökonomische Argumentation ist zunächst festzuhalten, dass Frauenerwerbsbereiche zeitverzögert auf Krisenerscheinungen reagierten. Da Frauen weniger im produzierenden Gewerbe arbeiten, gingen die ersten Entlassungswellen an ihnen vorbei, dafür aber verloren sie stattdessen Jobs im Sozialbereich nach staatlichen Einsparungen oder sind von zusätzlichen Flexibilisierungen ihrer ohnehin stärker prekären Arbeitsplätze betroffen (Sauer 2010: 43). Insofern wirken die Krisendynamiken ungleichzeitig, aber dennoch auf beide Geschlechter. Des Weiteren bestehen im Bereich der Lohngerechtigkeit enorme Diskrepanzen fort. Nach Angaben des World Economic Forums hat sich die globale Einkommensschere in den letzten sieben Jahren erneut vergrößert, so dass Frauen gegenwärtig nur 59 Prozent des Einkommens der Männer verdienen (vgl. Treanor 2016). In der Bundesrepublik Deutschland beziehen Männer im Durchschnitt 22 Prozent mehr Gehalt als Frauen (vgl. Süddeutsche Zeitung 2016). Was die Aufwertung von „weiblichen" Tätigkeiten angeht, existieren besonders im Bereich der Pflege- und Fürsorgearbeit (Care-Arbeit) weiterhin erhebliche institutionalisierte Ungleichgewichte, welche spezifische Lebensrisiken für Frauen (etwa Altersarmut) deutlich erhöhen (vgl. Federici 2012). Und schließlich dient auch das als „Staatsfeminismus" bezeichnete Projekt der Etablierung von Frauenquoten, der Bereitstellung garantierter Kitaplätze sowie die Einführung des Eltern- und Betreuungsgeldes nicht zwangsläufig der Gleichstellung der Geschlechter. Es kann ebenfalls als Versuch interpretiert werden, durch die forcierte Integration von Frauen in den Arbeitsmarkt den Wert der Ware Arbeitskraft konstant niedrig zu halten, um den bundesdeutschen Standortvorteil zu schützen (Lent und Trumann 2015: 98f.). Auch Stimmen aus der Frauen- und Geschlechterforschung weisen darauf hin, dass das Geschlechterverhältnis sich zwar in seinen konkreten Ausformungen beständig wandelt, die erwähnten Strukturen der Ungleichheit jedoch fortdauern. Angelika Wetterer etwa schlägt den Begriff der „Rhetorischen Modernisierung“ vor, um das Verschwinden der „Ungleichheit aus den Diskursen“, nicht aber aus den gesellschaftlichen Strukturen zu beschreiben (Wetterer 2014: 89f.). Julia Dück weist aus einer feministisch-materialistischen Perspektive darauf hin, dass sich im neoliberalen Kapitalismus zwar widersprüchliche Entwicklungen[40] beobachten lassen, jedoch noch nicht von einer Krise des Geschlechterverhältnisses gesprochen werden könne (Dück 2014: 68).

Angesicht der bis hierhin skizzierten Überlegungen ist die Frage nach der Liberalisierung des Geschlechterverhältnisses in all ihrer Verkürztheit differenziert zu beantworteten. Die Annahme, das ungleiche Geschlechterverhältnis sei durch die Nachwirkungen der Finanzkrise nachhaltig erschüttert worden, kann ich insbesondere im Hinblick auf die fortbestehenden sozioökonomischen Unterschiede zwischen den Geschlechtern nicht teilen. Gleichzeitig ist aber anzuerkennen, dass es in den letzten Jahren wesentliche Fortschritte in der Anerkennung vielfältiger Lebensentwürfe gab. Die Verabschiedung der Ehe für Alle im Sommer 2017 und die Aufnahme eines dritten Geschlechts in das Personenstandsrecht Ende 2018 sind, bei aller berechtigten Kritik, wesentliche progressive Reformen, die sich durchaus als Liberalisierung bezeichnen lassen. Es ist jedoch kritisch zu beleuchten, ob diese Fortschritte auch die bestehenden ökonomischen Ungleichheiten abmildern und die grundlegende heterosexuelle Verfasstheit der Gesellschaft mit ihrer impliziten Ab-

[40] Ein Beispiel für die genannten widersprüchlichen Tendenzen: Die Integration von Frauen in den Arbeitsmarkt hat insbesondere für mittelständische, weiße Frauen eine Verbesserung der finanziellen Situation und einen damit einhergehenden Zugewinn an Freiheit gebracht, wenn etwa reproduktive Tätigkeiten nun teilweise ausgelagert werden können. Gleichzeitig werden diese (meist schlecht bezahlten) Pflege-Arbeiten nun von prekarisierten und migrantischen Frauen übernommen, deren Lebenssituation weiterhin von existenziellen Lebensrisiken bedroht ist (Dück 2014: 66f.).

wertung von Weiblichkeit in Frage stellen, oder eher „nur" individuelle Freiheitsrechte stärken.[41] Vor dem Hintergrund dieser Überlegungen stehe ich den Prämissen des Liberalisierungsargumentes in ihrer vermeintlichen Eindeutigkeit skeptisch gegenüber.

Im Folgenden will ich zumindest ergänzend skizzieren, wie sich das Argument zu dem Motiv der „Krise der Männlichkeit" verhält.

5.1.3 Wessen Krise?

Die Zeitdiagnose einer „Krise der Männlichkeit" ist deshalb für mich von Interesse, weil sie mit dem Liberalisierungsargument einhergehen kann. Eine Vielzahl von Phänomenen dient ihr als vermeintlicher Indikator für krisenhafte Tendenzen: die Veränderung von Familienkonstellationen, in denen der Mann bisher der Haupt- oder sogar der Alleinverdiener war, die höhere Suizidrate von Männern im Vergleich zu Frauen oder die steigende Rate der von Frauen eingereichten Scheidungen (vgl. Beynon 2002). Diese singulären empirischen Entwicklungen, die zunächst relativ unverbunden nebeneinanderstehen, werden dann in einen gemeinsamen Kontext gestellt und kausal miteinander verknüpft. An diesem Punkt geraten die konkreten, heterogenen Erfahrungen des „männlichen Leids" oder der „männlichen Verunsicherung" mitsamt ihren komplexen Entstehungsbedingungen aus dem Blick und Männer erscheinen über alle konkreten Kontexte hinweg als „Opfer" (Forster 2006: 200). Gerade weil auf der nun erreichten Abstraktionsebene die konkreten Ursachen für die als Beweis angeführten Symptome dethematisiert oder gar geleugnet werden, ist die Wahrscheinlichkeit hoch, dass stattdessen monokausale Erklärungen für eine vermeint-

[41] Diese Frage beleuchtete Gundula Ludwig in ihrem Vortrag „Freiheit und Sicherheit: Zum problematischen Verhältnis zwischen den Versprechen der liberalen Demokratie und der Autoritarisierung von Politik und Gesellschaft" auf dem Kongress der Deutschen Vereinigung für Politikwissenschaft 2018 in Frankfurt am Main.

lich umfassende „Krise des Mannes“ entstehen. Der Sozialpsychologe Rolf Pohl führt exemplarisch aus, wie dabei insbesondere gleichstellungspolitische Reformen, vereinfachend unter dem Begriff „Feminismus“ zusammengefasst, als hauptverantwortlich für das „Dilemma“ erscheinen. Wenn dabei feministische Anliegen oder Weiblichkeit als solche problematisiert oder gar abgewehrt werden, ist die Grenze zur antifeministischen Projektion überschritten (vgl. Pohl 2011). Der Pädagoge Edgar Forster bewertet diese Form der Krisendiagnose als „Resouveränisierungsstrategie“, die mithilfe einer Umkehr tatsächlicher Bedrohungsverhältnisse eine Deutungshoheit über die Definition und Produktion von Männlichkeit erringen will (vgl. Forster 2006). Er zitiert dabei die Feministin Lynne Segal mit der prägnanten Formulierung:

> *„As the twentieth century draws to its close, men are presented as the threatened sex [...], even as they remain, everywhere, the threatening sex“* (Segal 1999, zitiert nach Forster 2006: 200).

Dabei ist selbstverständlich, dass eine reflektierte Diskussion etwa über spezifische Probleme der männlichen Sozialisation oder unintendierte negative Konsequenzen geschlechtspolitischer Reformen stets ihre Berechtigung hat. Eine solche Debatte wäre ein Beispiel für die weitere, oben eingeführte kritische Auseinandersetzung mit geschlechtspolitischen Themen. Für die vorliegende Arbeit ist jedoch relevant, dass die Debatte um eine eventuelle „Krise der Männlichkeit“ besonders anschlussfähig für Akteure aus der extremen Rechten ist, welche eindeutig antifeministische Argumentationen in sie hineintragen. Diese versuchen, die politische Behauptung einer „Krise der Männlichkeit“ zu einem kulturellen Kampfbegriff zu entwickeln, obwohl diese Behauptung in ihrer vermeintlichen Eindeutigkeit wissenschaftlich nicht bestätigt werden kann.[42] An dieser Stelle laufen die Annahmen des Liberalisierungsargumentes

[42] Vgl. hierzu auch nochmal die von Grebing und Birsl genutzte Unterscheidung zwischen analytischem Begriff und Feldbegriff zu Beginn des dritten Kapitels.

Gefahr, die Diagnose einer „Krise der Männlichkeit" indirekt zu stützen, da beide von einer erfolgten geschlechtspolitischen Liberalisierung und Gleichstellung ausgehen (das diese Entwicklung unterschiedlich bewertet wird, ist dabei nebensächlich). Wie ich oben versucht habe darzulegen, ist diese Annahme an sich problematisch.

Auf das Motiv der „Krise der Männlichkeit" komme ich später in der Auswertung des empirischen Materials erneut zu sprechen.

Hier diskutiere ich als Nächstes, inwieweit das Liberalisierungsargument meiner Ansicht nach in der Rechtsextremismusforschung Anwendung findet.

5.1.4 Umstrittene Deutung der Empirie

Der postulierte Wandel in rechtsextremen Geschlechterbildern wird zunächst quantitativ daran festgemacht, dass mehr Frauen bedeutende Führungspositionen in rechtsextremen Parteien einnehmen. Prominente Beispiele hierfür aus dem europäischen Kontext wären die Vorsitzende des Rassemblement National[43], Marine Le Pen, sowie die Mitbegründerin der dänischen Folkeparti, Pia Kjærsgaard, die 2015 zur Präsidentin des dänischen Parlamentes gewählt wurde. Erwähnenswert sind ebenfalls Krisztina Morvai, die 2009 als Spitzenkandidatin der ungarischen Jobbik in das Europaparlament einzog und Barbara Rosenkranz, 2010 Kandidatin der FPÖ bei der österreichischen Bundespräsidentenwahl. Auf Deutschland bezogen, stechen die ehemalige Bundesvorsitzende der AfD[44], Frauke Petry, sowie Alice Weidel und Beatrix von Storch als Mitglieder des erweiterten Vorstands heraus, ebenso wie Tatjana Festerling, die

---

[43] Bis zum Juli 2018 hieß die Partei Front National.

[44] Ich führe die AfD in diesem Kontext an, da ich sie als rechtsextreme Partei betrachte. Als „nationalkonservative Partei mit Brücken zum Rechtsextremismus hin" (Stöss) gegründet, hat die AfD diese Brücken meiner Ansicht nach mittlerweile überschritten (Salheiser et al. 2016: 53ff.; vgl. auch Kemper 2015). Zur expliziten Diskussion der familien- und geschlechtspolitischen Positionen der Partei vgl. Kemper 2014.

2015 als Kandidatin der PEGIDA bei der Dresdner Oberbürgermeisterwahl antrat. Zu nennen ist außerdem der Ring Nationaler Frauen (RNF), gegründet 2006 als Unterorganisation der NPD. All diese politischen Karrieren und parteipolitischen Entwicklungen, so das Liberalisierungsargument, wären ohne eine wachsende Akzeptanz von Frauen durch rechtsextreme WählerInnen nicht möglich gewesen. Dass rechtsextreme Parteien in Europa immer noch den geringsten Frauenanteil von allen aufweisen (Mudde 2007: 107), wird dabei vernachlässigt. Die angeführten Frauen in Spitzenpositionen könnten demnach auch symbolische Ausnahmen sein, die das strukturell fortbestehende Problem der Frauendiskriminierung verdecken.

Als qualitativer Beleg für die vermeintliche Modernisierung wird weiterhin darauf verwiesen, dass rechtsextreme Parteien zunehmend Homosexualität tolerieren. Beispielhaft hierfür gilt die Karriere des homosexuellen niederländischen Politikers Pim Fortuyn, die offene Unterstützung Marine Le Pens für Homosexuelle sowie die (zwischenzeitliche[45]) Existenz der 2014 gegründeten Bundesinteressengemeinschaft Homosexuelle in der AfD. Auch diese inhaltliche Öffnung spräche für eine tiefgreifende Liberalisierung.

Anstatt die zunehmende Vielfalt tolerierter Geschlechterrollen im rechtsextremen Spektrum vorschnell als Beleg für eine generelle Modernisierung des dahinterstehenden Weltbildes zu akzeptieren, ist sie aus meiner Sicht näher zu diskutieren. So könnte die beschriebene Pluralität ebenso gut eine temporäre strategische Anpassungsleistung sein wie auch ein tiefgreifender Wertewandel. Akkermann konnte in ihrer Studie zu geschlechtspolitischen Positionen von sechs rechtsextremistischen Parteien in Europa überzeugend zeigen, dass deren Bekenntnis zu Themen der Geschlechtergerechtigkeit ein überwiegend rhetorisches ist. Es taucht vor allem im Kontext einer von antimuslimischen Tendenzen geprägten Debatte um eine Verschärfung des Asylrechts auf. In dieser präsentieren sich

[45] Von der Arbeitsgemeinschaft hat sich Anfang 2017 die Schwul-Lesbische Plattform abgespalten. Beide Gruppierungen treten öffentlichkeitswirksam seitdem kaum in Erscheinung.

rechtsextreme Parteien als Verteidiger eines vermeintlichen Liberalismus, während sie muslimische Immigrant*innen als unzivilisierte Fundamentalisten porträtieren. Stellvertretend dafür steht dieses Zitat aus einer Parlamentsrede der dänischen DF-Abgeordneten Pia Kjærsgaard:

> *„In Denmark we adhere to liberal values. We accept and respect the choices people make. We accept homosexuality. In Iran you will be hanged for your homosexuality"* (zitiert nach Akkermann 2015: 55f.)

Deutlich sichtbar ist hier, wie eng das liberale Bekenntnis mit der Abgrenzung gegenüber dem Iran und dem Islam verbunden ist (ebd. 57). Obwohl formell nur das Land „Iran" genannt wird, dürfte Kjærsgaard die Islamische Republik Iran meinen und sich auf den Islam als Staatsreligion des Landes beziehen. Kein Zufall ist wohl auch, dass sie die liberale Haltung Dänemarks in Kontrast zu einem der am meisten homophoben islamischen Länder weltweit stellt. Die naheliegende Annahme Akkermanns, hinter der angeblichen Toleranz verberge sich ein anderweitig diskriminierendes Ziel, kann dabei helfen, den wachsenden Anteil vermeintlich eindeutig liberaler Positionen in Bezug auf Geschlechtergerechtigkeit und alternative Lebensformen zu erklären. In eine ähnliche Richtung argumentiert auch Farris mit dem Begriff Femonationalismus, der darauf verweist das feministische Anliegen von rechts instrumentalisiert werden können, wenn etwa der Schutz deutscher, „einheimischer" Frauen vor „fremden" Tätern gefordert wird (vgl. Farris 2017). In diesem Zusammenhang werden imaginierten ethnischen Gruppen spezifische sexuelle Verhaltensweisen zugeschrieben – ein Phänomen, das Dietze am Beispiel der Debatten um die Kölner Silvesternacht als „Ethnosexismus" bezeichnet (Dietze 2016: 178f.).

Wie das angeführte Zitat von Kjærsgaard belegt, ist dieselbe Argumentation auch bei der vermeintlichen Verteidigung der Rechte Homosexueller anzutreffen – Puar bezeichnet dieses Phänomen als Homonationalismus (vgl. Puar 2017).

Neben diesen kritischen Perspektiven aus der Rechtsextremismus- und Geschlechterforschung spricht auch aus psychologischer Perspektive einiges dafür, dass eine tiefgreifende Neuausrichtung des geschlechtspolitischen Kurses rechtsextremistischer Parteien, Medienplattformen und MeinungsführerInnen unwahrscheinlich ist. Sollte sie dennoch feststellbar sein, wäre sie zutiefst erklärungsbedürftig. Um diese Überlegung zu erläutern, diskutiere ich im nächsten Unterkapitel Erkenntnisse der frühen Autoritarismusforschung und der frühen Kritischen Theorie.

5.2 Rechtsextreme Einstellungen aus psychoanalytischer Sicht

Auch wenn der Bezug auf psychoanalytische Ideen in einer diskursanalytischen Arbeit ungewöhnlich erscheinen mag, verwende ich ihn bewusst, um meine Kritik am Liberalisierungsargument weiterzuentwickeln. Gleichzeitig trenne ich im weiteren Verlauf der Untersuchung zwischen den psychoanalytischen Grundannahmen, die mein theoretisches Argument stützen, und den wissenschaftstheoretischen und methodischen Überlegungen der Diskursforschung, welche meine empirische Analyse anleiten. Ich stelle nun zunächst vor, welche Annahmen dem Konzept des Einstellungssyndroms zugrunde liegen und wie sich die Ergebnisse der Autoritarismusforschung auf den gegenwärtigen Rechtsextremismus und die Neue Rechte übertragen lassen.

5.2.1 Autoritarismus als komplexes Einstellungssyndrom

Bereits in der Auseinandersetzung mit dem historischen Faschismus wurde Autoritarismus als Einstellungssyndrom konzipiert.

Nachdem ausgehend vom Frankfurter Institut für Sozialforschung bereits wichtige Vorarbeiten[46] geleistet wurden, präzisierte die Forschungsgruppe um Sanford, Levinson, Frenkel-Brunswik und Adorno das Autoritarismus-Konzept während der 1940er Jahre in den von ihnen in den Vereinigten Staaten durchgeführten „Studien zum autoritären Charakter". Ziel der Studie war es zu bestimmen, welche antidemokratischen Tendenzen in der amerikanischen Gesellschaft vorhanden waren und inwiefern auch dort eine faschistische Entwicklung drohte. Im Ergebnis der Untersuchung konnten idealtypisch sechs autoritär und fünf demokratisch orientierte Persönlichkeitstypen identifiziert werden. Dafür griffen die Wissenschaftler*innen ausführlich auf psychoanalytische Grundannahmen zurück, jedoch nicht unter dem Aspekt einer Behandlungsmethode, sondern in Bezug auf entwicklungspsychologische Gesichtspunkte (Decker 2018: 37). Sie fragten danach, unter welchen Bedingungen sich die Akzeptanz von Unterwerfung und Fremdbestimmung in Menschen ausbildet. Hinter diesem Erkenntnisinteresse stand die psychoanalytische Annahme, dass Individuen eine ihnen zugehörige, spezifische Charakterstruktur aufweisen, die Produkt ihrer Vergesellschaftung ist (Adorno 1995: 6; vgl. Freud 1953). Geprägt durch die frühen Lebensbedingungen des Einzelnen, sind in ihr die sozio-politischen Präferenzen der Menschen angelegt (Fromm 1970: 17), ohne deshalb vollkommen determiniert[47] zu sein. Als zentrale Sozialisationsinstanz der westlichen Welt zu Beginn des 20. Jahrhunderts betrachtete die Forschungsgruppe die patriarchal

---

[46] Von grundlegendem Interesse war die Fragestellung, welche Auswirkungen die wirtschaftlichen und politischen Krisen der 20er Jahre auf das demokratische Bewusstsein in Deutschland hatten. Zu den relevanten Vorstudien gehören „Die Angestellten. Aus dem neusten Deutschland" (Kracauer 1929), „Erbschaft dieser Zeit" (vgl. Bloch 1935), „Studien über Autorität und Familie" (vgl. Horkheimer 1936) sowie „Arbeiter und Angestellte am Vorabend des Dritten Reiches" (vgl. Fromm 1980, entstanden 1937/38).

[47] „Weit davon entfernt, etwas von Anfang an Gegebenes, Fixiertes zu sein, das auf seine Umwelt reagiert, entwickelt er [der Charakter] sich unter dem Druck der Umweltbedingungen und kann niemals vom gesellschaftlichen Ganzen isoliert werden, in dem er existiert." (Adorno 1995: 7)

strukturierte Kleinfamilie. Hier war es der klassische Konflikt mit dem Vater als Familienoberhaupt, der Kinder und Heranwachsende in ein ambivalentes Verhältnis zu Autorität brachte. Die Unterwerfung unter die Allmacht des Vaters und der in ihm verkörperten Normen schuf Anerkennung und Sicherheit, die aber nur um den Preis unterdrückter Aggressionen zu haben war. Kann diese Identifikation nicht aufgebrochen oder abgeschwächt werden, droht sich das aggressive Potential gegen ebenfalls als ‚schwach' wahrgenommene Mitglieder der Gesellschaft zu richten (Fromm 1936: 173). Diese Dynamik ist die Grundlage für die Herausbildung autoritärer Charaktertypen.

Für mein Vorhaben ist besonders relevant, dass die Forscher*innen der Studie einzelne Merkmale autoritärer Charaktere als zugehörig zu einem konsistenten, antidemokratischen Einstellungsmuster betrachteten.[48] Es handelt sich um ein Syndrom, um „häufig zusammen auftretende psychische Symptome" (Decker 2018: 50ff.). Obwohl nicht zwangsläufig widerspruchsfrei, sind die Bestandteile der Charakterstruktur doch „in psychologisch sinnvoller Weise miteinander verbunden" (Adorno 1995: 6). Diese Formulierung verweist auf „Strukturverwandtschaften, Funktionsähnlichkeiten und motivationale Verschränkungen", welche den einzelnen Elementen des Charakters gemeinsam sind (Stögner 2014: 13). Sie gehen auf übereinstimmende psychologische Dispositionen zurück und bilden einen Verbund ähnlicher Einstellungen, in den nicht ohne weiteres eine sich dazu konträr verhaltende Einstellung integriert

---

[48] Da im Zuge der Untersuchung also tiefer liegende Charaktermerkmale und nicht eher oberflächliche politische Meinungen erforscht werden sollten, sind auch die Variablen der verwendeten Skalen entsprechend formuliert. So setzt sich die Faschismus-Skala unter anderem aus den folgenden Elementen zusammen: Konventionalismus, Autoritäre Unterwürfigkeit, Autoritäre Aggression, Anti-Intrazeption (Abwehr des Phantasievollen), sowie Aberglaube und Stereotypie (Adorno 1995: 45f.) Zusammen bilden sie ein Einstellungsmuster: „These variables were thought of as going together to form a single syndrome, a more or less enduring structure in the person, that renders him receptive to antidemocratic propaganda." (Adorno et al. 1950: 228).

werden kann. Wie die Leipziger Forschungsgruppe der gegenwärtigen Autoritarismusstudien feststellt, „gestattet es der Begriff des Syndroms, eine Verbindung zwischen verschiedenen Phänomenen des Autoritären herzustellen“ (Decker 2018: 50). Ich gehe deshalb in diesem Buch davon aus, dass sich verschiedene Elemente eines rechtsextremen Weltbildes wie Chauvinismus, Rassismus oder Antisemitismus in Analogie zur Dynamik einer autoritären Persönlichkeit ebenfalls als Elemente eines Einstellungssyndroms verstehen lassen.

Die Sozialwissenschaftler*in Karin Stögner bezieht sich ebenfalls auf Grundannahmen der Forschungsgruppe um Adorno und arbeitet am Beispiel der Phänomene Antisemitismus und Sexismus exemplarisch heraus, wie der tiefer liegende, psychologische Zusammenhang zwischen diesen Aspekten aussehen kann. Als eine beiden Einstellungen zugrunde liegende Idee identifiziert sie zunächst die zwanghafte Konstruktion einer binären Eindeutigkeit, die Menschen in scharf voneinander abgegrenzte Gruppen einteilt und diese mit klaren Bewertungen versieht.[49] Dies ist am Beispiel der konstruierten Geschlechterdifferenz zu beobachten, geschieht aber etwa auch bei dem Versuch, Menschen in ethnische Gruppen einzuteilen und diese mit vermeintlich charakteristischen Eigenschaften zu versehen. Das zentrale Motiv hinter dem Bedürfnis nach trennscharfer Separation ist die Abwehr von Ambivalenz, denn „Unentschiedenheit wirkt bedrohlich und stellt das Postulat umfassender Kontrolle in Frage“ (ebd. 87). Selbstkontrolle und -disziplinierung aber sind nach Freud wesentliche Anforderungen der Kulturbildung und kapitalistischen Vergesellschaftung (Freud 1953: 90). Die beständige Anpassung an das der Moderne zugrundeliegende Realitäts- und Leistungsprinzip führt zwangsläufig zur Beherrschung der eigenen Impulse durch die Individuen (Marcuse 1968: 39). Da dieser Triebsublimierung ein gewisser Glücksverzicht zugrunde liegt

[49] Einheit, Eindeutigkeit, Ordnung, diese drei Schlagworte benennen zentrale Aspekte der Motivation von Antisemitismus, Frauenfeindlichkeit und Homophobie und weisen sie als struktur- und funktionsverwandt aus“ (Stögner 2014: 98).

(Freud 1953: 105), „suchen“ die Menschen nach Möglichkeiten, „eigene Unlustgefühle an 'den Anderen', der 'anderen Rasse' oder dem 'anderen Geschlecht' abladen zu können“ (Stögner 2014: 88f.). Aus dieser Perspektive dient das Stereotyp des Juden als Projektionsfläche, auf die sich die eigene Wut und Aggression der AntisemitInnen richten kann.[50] Gleichzeitig verkörpert die Frau in der sexistischen Projektion Eigenschaften wie Zartheit, Schwäche und Genussfähigkeit, die nicht zu dem über Triebverzicht[51] hergestellten idealtypisch männlichen Charakter der Individuen passen.

Ein weiterer verbindender Aspekt von Antisemitismus und Sexismus ist die Herabsetzung der „Anderen“ durch ihre Identifizierung mit der Natur. Wo die Beherrschung der inneren und äußeren Natur die gesellschaftliche Norm bildet, kommt der Reduktion auf das vermeintlich Natürliche eine dehumanisierende Funktion zu. Auch diese Dynamik ist wieder verbunden mit einer angeblichen Eindeutigkeit, die voneinander abgegrenzte Pole zu benennen vorgibt: die Position „weiblich/jüdisch“ steht dabei für das „Niedere“ und „Naturverbundene“, während die Position „männlich/arisch“ das „Höhere“ und „Selbstbewusst-Autonome“ repräsentiert (ebd. 28). Andere bipolar konstruierte Begriffspaare können sich mit dem skizzierten Gegensatz verbinden.[52]

Wenn ich die Einsichten Stögners mit ihren Bezügen auf die Psychoanalyse, die Autoritarismusforschung und die frühe Kritische

---

[50] „Der Antisemitismus als Volksbewegung war stets [...] Gleichmacherei. Denen, die keine Befehlsgewalt haben, soll es ebenso schlecht gehen wie dem Volk. Vom deutschen Beamten bis zu den Negern in Harlem haben die gierigen Nachläufer im Grunde immer gewusst, die würden am Ende selber nichts davon haben als die Freude, dass die anderen auch nicht mehr haben. [...] Der eigentliche Gewinn, auf den der Volksgenosse rechnet, ist die Sanktionierung seiner Wut durchs Kollektiv.“ (Adorno und Horkheimer 1969: 179).

[51] „Furchtbares hat die Menschheit sich antun müssen, bis das Selbst, der identische, zweckgerichtete, männliche Charakter der Menschen geschaffen war, und etwas davon wird noch in jeder Kindheit wiederholt.“ (Adorno und Horkheimer 1969: 40).

[52] „Frauen, Juden, 'Zigeuner', Migranten. Sie alle werden auf mehr oder weniger ambivalente Weise mit der Natur identifiziert, was im Kontext totaler Naturbeherrschung einen Ausschluss aus der gesellschaftlichen Praxis der Subjektivierung bedeutet.“ (Stögner 2014: 26).

Theorie auf den Gegenstand meiner Arbeit anwenden will, ist zunächst noch die Verbindung zwischen dem historischen Autoritarismuskonzept und dem zeitgenössischen Rechtsextremismus zu klären.

5.2.2 Rechtsextremismus als sekundärer Autoritarismus

Gegenstand der frühen Autoritarismusforschung war der historische Faschismus mit seinem bedingungslosen Führerprinzip. Diese Ausgangssituation ist der Grund, warum die Studien zum Autoritären Charakter vorrangig auf psychoanalytische Konzepte zurückgriffen, die zur Erklärung eben jenes Führerkultes beitragen konnten. Die Analogien zwischen dem patriarchalen Vater und dem politischen Führer einer imaginierten „Volksgemeinschaft“ liegen auf der Hand. Im heutigen Kontext stellt sich allerdings die Frage, wie sich diese Grundannahmen auf den gegenwärtigen Rechtsextremismus übertragen lassen, der sich momentan durch das Fehlen einer klaren Führungsperson auszeichnet. Zumal auch die heterosexuelle, patriarchal strukturierte Kleinfamilie nicht mehr als alleinige zentrale Sozialisationsinstanz für Heranwachsende gelten kann. Angesichts dieser Herausforderung kommt der jüngeren Autoritarismusforschung zugute, dass sich in den psychoanalytischen Grundlagentexten auch Hinweise zur Modifikation des Analyserahmens finden lassen. So beschäftigte sich bereits Freud unter dem Schlagwort „Massenpsychologie“ mit Konstellationen, in denen autoritäre Dynamiken bei gleichzeitigem Fehlen zentraler Führungspersonen zu beobachten sind. Er fragt,

> „*ob nicht der Führer durch eine Idee, ein Abstraktum ersetzt sein kann [...] ob nicht eine gemeinsame Tendenz, ein Wunsch, an dem eine Vielheit Anteil nehmen kann, den nämlichen Ersatz leistet.*“ (Freud 1967: 39).

Decker greift diese Überlegung auf und benennt einen solchen sozialen Zusammenhang in Anlehnung an Freud als „sekundäre Masse“ und ihre gemeinsame Orientierung hin zu einem geteilten Ideal bei gleichzeitiger Abwesenheit eines klaren Führers als „sekundären Autoritarismus“ (Decker 2015: 23).

> „*... an die Stelle eines Führers eine unpersönliche Autorität getreten, eine Theorie oder ein abstraktes Ideal. [...] Sie* [die Mitglieder der Gruppe C.F.] *agieren wie eine autoritär organisierte Masse und zeigen im Kontakt mit anderen Gruppen jene Abwertungstendenzen, die auch die autoritär gebundene Masse kennzeichnen.*“ (ebd.).

In der jüngsten Leipziger Autoritarismusstudie legt er detailliert da, wie im bundesdeutschen Kontext die Idee einer prosperierenden Wirtschaft den Platz eines solchen Ideals einnimmt (Decker 2018: 41ff.). Allerdings kann diese nur die bereits von Fromm beschriebene „Prothesensicherheit“ (Fromm 1936: 179) bieten, da das Wirtschaftswachstum zunächst einmal nicht allen Mitgliedern der Gesellschaft in gleicher Form zu Gute kommt, darüber hinaus beständig gefährdet ist und überhaupt nur um den Preis einer Unterwerfung der Individuen unter rationale Kosten-Nutzen-Kalküle zu haben ist. Der Umschlag in die autoritäre Aggression droht also beständig (Decker 2018: 49).

Diese Denkfigur ermöglicht es, die von der früheren Autoritarismusforschung eingeführten Grundannahmen über den inneren Zusammenhang des Einstellungssyndroms Autoritarismus auf das gegenwärtige Einstellungsmuster Rechtsextremismus zu übertragen. Im folgenden Abschnitt fasse ich nun die wesentlichen Schlussfolgerungen aus den bisher dargestellten theoretischen Überlegungen zusammen.

5.2.3 Eigene Annahmen und Anliegen

Ausgehend von den skizzierten Ausführungen nehme ich an, dass die von der Forschungsgruppe um Adorno diagnostizierten und von Stögner exemplarisch analysierten „Strukturverwandtschaften und Funktionsähnlichkeiten" zwischen Antisemitismus und Sexismus auch zwischen den anderen Einstellungsmerkmalen eines extrem rechten Weltbildes[53] existieren. Von diesem Standpunkt aus ist für mich nicht schlüssig, wie sich einzelne Elemente des Einstellungssyndroms in ihr liberales Gegenteil verkehren und trotzdem weiterhin „in psychologisch sinnvoller Weise" (Adorno 1995: 6) mit den anderen Elementen des Weltbildes korrespondieren können. Deshalb weise ich das Liberalisierungsargument an dieser Stelle erneut zurück. Allerdings erkenne ich ebenfalls an, dass die Annahmen der Forschungsgruppe zum Autoritären Charakter einen konkreten Zeitbezug hatten und in die Gegenwart übertragen werden müssen. Teil dieser Adaption ist es zu berücksichtigen, wie sich der spezifische Gehalt der einzelnen Einstellungsmerkmale im Zeitverlauf transformiert hat und von den Individuen mit Rücksicht auf das diskursiv Sagbare artikuliert wird (Wodak 2016: 172). Ein bezeichnendes Beispiel dafür ist das weitgehende Verschwinden des auf biologischen Grundannahmen beruhenden Rassismus und das zeitgleiche Aufkommen des Konzeptes des Ethnopluralismus.[54] Ein weiteres wäre das Phänomen des sekundären Antisemitismus. Aus der Perspektive der psychoanalytischen Ideen Freuds und Adornos sind die psychologischen Dispositionen der RassistInnen und AntisemitInnen als weitgehend konstant zu betrachten, aber ihre Art diese zu äußern, hat sich verändert. Zu diesem Argument tragen

---

[53] In Bezug auf meine Begriffsdiskussionen verstehe ich ein rechtsextremes Weltbild als Zusammenspiel der von Heitmeyer genannten Komponenten: Rassismus, Islamfeindlichkeit, Antisemitismus, Abwertung von Behinderten, Abwertung von Obdachlosen, Abwertung von Sinti und Roma, Abwertung von Asylbewerbern, Abwertung von Langzeitarbeitslosen, Sexismus, Homophobie, Etabliertenvorrechte, Fremdenfeindlichkeit (vgl. Unterkapitel 3.1).

[54] Vgl. meine Ausführungen zum Begriff der Neuen Rechten im Unterkapitel 3.

auch Wodaks Beobachtungen darüber bei, wie sich der rechtsextreme Diskurs an den „Mainstream" anpasst. Mit ihr nehme ich an, dass gesellschaftlich eindeutig tabuisierte Diskriminierungensformen im rechtsextremen Diskurs durch „funktionsverwandte" (Stögner 2014: 13) ersetzt werden können.

Die bis hierhin geführte Auseinandersetzung mündet in zwei zentralen Anliegen in Bezug auf meine Auseinandersetzung mit dem Untersuchungsmaterial. Zunächst geht es mir in der Feinanalyse darum, die im Material vorhandenen geschlechtspolitischen Positionen der *Jungen Freiheit* detailliert zu erfassen. Sollten sich eindeutig widersprüchliche Standpunkte zeigen, würde das meine Ablehnung des Liberalisierungsargumentes stützen. Im nächsten Schritt interessiert mich, inwieweit „liberale" Äußerungen gegebenenfalls argumentativ mit anderen diskriminierenden Positionen verbunden sind und möglicherweise ineinandergreifen. Die Konzepte der von mir herangezogenen Autor*innen deuten auf die Existenz solcher Verbindungen hin. Ihr tatsächliches Vorhandensein im Material könnte darauf hinweisen, dass den vermeintlich liberalen Argumentationen wichtige Funktionen bei der Modernisierung rechtsextremer Diskurse zukommt, indem sie Anschlussfähigkeit an den Mainstream herstellen, indirekt andere Diskriminierungsformen transportieren und dabei nicht konsequent mit dem psychologischen Einstellungssyndrom brechen.

Bevor ich mich allerdings der Feinanalyse widmen kann, stelle ich im folgenden Kapitel zunächst theoretische Perspektiven auf den Forschungsgegenstand *Junge Freiheit* vor.

6. Forschungsgegenstand *Junge Freiheit*

In diesem Kapitel gebe ich einen einführenden Überblick zur Entwicklung der *Jungen Freiheit* (JF) von einer unbekannten Monatszeitung hin zum Leitmedium der Neuen Rechten. Im Anschluss daran beleuchte ich die besondere Funktion der Zeitung im Brückenspektrum zwischen Rechtsextremismus und Konservatismus.

6.1 Entstehung, Auflagenentwicklung und strukturelle Besonderheiten

Die *Junge Freiheit* erschien ab Juni 1986 im zweimonatlichen Rhythmus als Schüler- und Jugendzeitung mit einer Auflage von 400 Exemplaren. Konzipiert war sie zunächst als Organ einer geplanten Jugendorganisation der Freiheitlichen Volkspartei, die der frühere Mitbegründer der Republikaner, Franz Handlos, 1985 ins Leben gerufen hatte. 1986 lösen sich die Initiatoren um Chefredakteur Dieter Stein jedoch aus dem Zusammenhang um Handlos und erklären die JF zur unabhängigen Zeitung (Kornexl 2008: 57).

Ab 1990 beträgt die bundesweite Auflage 30.000 Exemplare, im selben Jahr gründen zehn Hauptautoren um Stein die Junge Freiheit Verlag GmbH.

1991 erscheint die JF bereits monatlich, ab 1994 wöchentlich (Kellershohn 2007: 44). Die folgende Grafik stellt die bemerkenswerte Auflagenentwicklung seit 1999 dar:

Tabelle 2. Auflagenentwicklung der Jungen Freiheit ab 1999

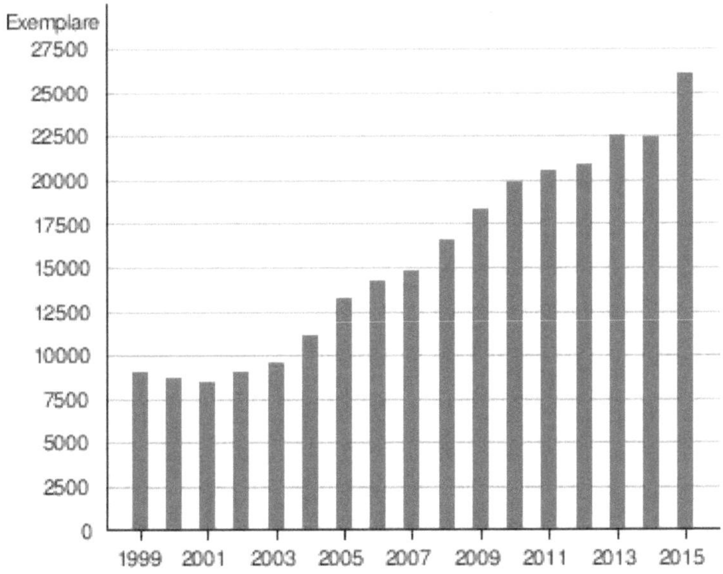

Quelle: 1999 bis 2007 Verlagsangaben, 2008 bis 2015 IVW, jeweils viertes Quartal

Die damalige Auflage betrug im zweiten Quartal 2016 31.245 Exemplare, wobei etwa zwei Drittel davon feste Abonnements waren (vgl. IVW 2016). Damit lag die JF zu diesem Zeitpunkt an sechster Stelle der meistgelesenen Wochenzeitungen in Deutschland und deutlich vor der nächstplazierten Zeitung *der Freitag* (19.708).[55] Entgegen der sonstigen Tendenzen auf dem deutschen Zeitungsmarkt konnte die *Junge Freiheit* also konstante Zugewinne in den

[55] Das Ranking der deutschen Wochenzeitungen im ersten Quartal 2016: Bild am Sonntag (1.012.515 verkaufte Exemplare), Die Zeit (507.159), Welt am Sonntag (382.842), Frankfurter Allgemeine Sonntagszeitung (254.291), Katholische SonntagsZeitung für Deutschland (37.748), Junge Freiheit (28.251) (vgl. Schröder 2016).

Quartalszahlen verbuchen. Kommentatoren führten die Rekordauflage auf das Erstarken von PEGIDA und der AfD zurück (vgl. Alvarez 2016). Neben diesen tagespolitischen Entwicklungen ist meiner Ansicht nach auch zu beachten, wie erfolgreich die JF-Redaktion vielfältige Netzwerke um die Zeitung herum knüpfte, die deren Popularität steigerten. Exemplarisch stelle ich einige strukturelle Besonderheiten vor.

1. Einbindung der LeserInnen in Zusammenhänge der politischen Bildung. Bereits unmittelbar nach der Gründung förderte die damalige JF-Redaktion die Entstehung fester JF-Leserkreise in Universitätsstädten. Diese trafen sich in von Burschenschaften zur Verfügung gestellten Häusern und bildeten Diskussionszusammenhänge, in denen aktuelle Artikel sowie das tagespolitische Geschehen besprochen wurden. Des Weiteren fanden zwischen 1993 und 1995 „Sommeruniversitäten" der JF statt, deren Schirmherren unter anderem der damalige CDU-Bundestagsabgeordnete Heinrich Lummer sowie der ehemalige Chefredakteur der *Welt*, Günter Zehm, waren.

2. Pflege eines breiten AutorInnennetzwerkes. Die Namen Lummer und Zehm verweisen darauf, dass die JF frühzeitig damit begann, PolitikerInnen und Intellektuelle in das Zeitungsprojekt einzubinden. Neben den erwartbaren namhaften RechtsextremistInnen[56] konnten immer wieder auch rechter Tendenzen unverdächtige Personen für Beiträge oder Interviews gewonnen werden. Exemplarisch genannt seien hier die ehemalige DDR-Bürgerrechtlerin Vera Lengsfeld (1999), der SPD-Politiker Egon Bahr (2004) sowie der Journalist Peter Scholl-Latour (für eine ausführliche Darstellung vgl. Kornexl 2008: 58ff. sowie Lölhöffel 2007). Die (vermeintliche) Vielfalt der AutorInnen verbesserte die Reputation der Zeitung und ermöglichte ihr eine seriöse Außendarstellung.

[56] Exemplarisch für RechtsextremistInnen: Jörg Haider (1991, 1994, 1995, 1998, 1999), Jean-Marie Le Pen (1996), Horst Mahler (1998, 1999) oder Alessandra Mussolini (1996).

3. Institutionelle Expansion. Kontinuierlich beteiligen sich aktuelle oder ehemalige Angehörige der JF an der Gründung neuer Strukturen, die der Institutionalisierung der Neuen Rechten dienen. Als Beispiele können die 2000 gegründete Förderstiftung Konservative Bildung und Forschung (FKBF), das im selben Jahr ins Leben gerufene Institut für Staatspolitik (IfS) sowie die seit 2012 in Berlin existierende Bibliothek des Konservatismus gelten.[57] Das Zusammenspiel der einzelnen Einrichtungen zielt auf die Etablierung neurechter Thinks Tanks und die wissenschaftliche Absicherung ihrer Positionen.

4. „Journalistische" Expansion. Parallel zum Ausbau institutioneller Netzwerke treibt die JF die Vergrößerung ihrer journalistischen und medialen Plattform voran. Dies geschieht vor allem durch Ausgründungen und die Schaffung neuer Marken. So existiert seit 1999 der Junge Freiheit Medienversand, in dem neurechte Publikationen sowie mittlerweile auch Hörbücher, Filme und Accessoires erscheinen. Das von dem ehemaligen JF-Redakteur Götz Kubitschek gegründete IfS gibt seit 2003 die Zeitung *Sezession* und die *Wissenschaftliche Reihe* sowie seit 2011 die *Berliner Schriften zur Ideologienkunde* heraus. Kubitschek leitet seit 2000 den Verlag Antaios (bis 2012 Edition Antaios), der als „Hausverlag" des IfS und der *Sezession* gilt (vgl. Bundeszentrale für Politische Bildung 2016). Des Weiteren vergibt die JF zusammen mit der FKBF seit 2004 den Gerhard-Löwenthal-Preis für Journalisten, mit dem vor allem JF-MitarbeiterInnen ausgezeichnet werden (etwa Thorsten Hinz, Michael Paulwitz und Birgit Kelle).

Das hier skizzierte, in den letzten Jahren beachtlich gewachsene Netzwerk aus der JF verbundenen Institutionen, AutorInnen und Medien ist aus meiner Sicht ein wesentlicher Erklärungsgrund für den anhaltenden Erfolg der Zeitung. Darüber hinaus forciert es

[57] Dieter Stein ist der Stiftungsratsvorsitzende der FKBF, die wiederum Trägerin der Bibliothek des Konservatismus ist. Das IfS wurde von Karlheinz Weißmann und Götz Kubitschek gegründet. Kubitschek war langjähriger Redakteur der JF, Weißmann ist Politologe sowie häufiger Interviewpartner der Zeitung.

die Kooperation der Neuen Rechten in Deutschland und drängt zunehmend in die öffentlichen Debatten. Ein diese Entwicklung begünstigender Umstand ist, dass die politische Bewertung der *Jungen Freiheit* umstritten ist.

6.2 Die *Junge Freiheit* als Hauptorgan der Neuen Rechten in Deutschland

Bereits wenige Jahre nach Gründung der *Jungen Freiheit* beschäftigten sich die Verfassungsschutzbehörden eingehend mit der Zeitung. Insbesondere in Nordrhein-Westfalen und in Baden-Württemberg fiel die JF im Zusammenhang mit der Beobachtung der Partei Die Republikaner auf, da REP-Politiker regelmäßig in der Zeitung veröffentlichten (Pfeiffer und Puttkamer 2007: 59f.). In Folge dieser Untersuchungen kam es in den 1990er Jahren zu einem langwierigen Rechtsstreit über die Frage, inwieweit „rechtsextremistische Bestrebungen" in der JF existieren. Dessen (vorläufigen) Abschluss bildete im Mai 2005 ein Urteil des Bundesverfassungsgerichtes (BVG), in dem das Gericht feststellte, dass die Verfassungsschutzbehörden keine ausreichenden „Anhaltspunkte für einen Verdacht verfassungsfeindlicher Bestrebungen" darlegen konnten (vgl. BVG 2005). Das BVG hob insbesondere hervor, dass die Zeitung nicht für einzelne Meinungsäußerungen ihrer JournalistInnen verantwortlich gemacht werden dürfe, selbst wenn diese eindeutig verfassungsfeindlich zu bewerten seien. In diesem Sinne ist das Urteil vor allem als ein Schutz der Pressefreiheit zu verstehen, welches die Verbreitung rechtsextremistischer Gedanken durch die JF jedoch keinesfalls ausschließt (Braun und Vogt 2007: 10f.).

Jenseits verfassungsrechtlicher Fragen ist für mich die politikwissenschaftliche Einordnung der JF relevant. In den 1990er Jahren existierte diesbezüglich der klare Konsens, die Zeitung im Bereich des Scharniers zwischen Konservatismus und Rechtsextremismus zu verorten (Gessenharter 1989a: 426). Pfahl-Traughber prägte diesbezüglich den Begriff „Brückenspektrum“, den auch Stöss übernahm (vgl. Pfahl-Traughber 1994: 173ff.). Zur Begründung dieser Einschätzung führten die Wissenschaftler die inhaltliche Nähe der JF zu Autoren der Konservativen Revolution, insbesondere zu den antidemokratischen Positionen Carl Schmitts an (vgl. Gessenharter 2007).

Auch wenn sich der Kurs der JF im Zuge der Beobachtung durch den Verfassungsschutz etwas mäßigte und Forscher wie Jesse und Patzelt der Zeitung daraufhin ihre Verfassungsfeindlichkeit absprachen (vgl. exemplarisch Führer 2008), sehe ich die JF weiterhin im Brückenspektrum mit Anschlussstellen zum Rechtsextremismus verankert. Ausschlaggebend sind für mich dafür der tendenzielle Geschichtsrevisionismus, der latente Antisemitismus sowie die völkisch-nationalen Elemente in der JF-Berichterstattung (vgl. die einzelnen Beiträge in Braun und Vogt 2007). Im Zusammenhang mit der institutionellen Einbindung der Zeitung ist meiner Ansicht nach erwiesen, dass die JF die zentrale Plattform bildet, von der aus VertreterInnen der Neuen Rechten in Deutschland ihr Projekt des „Kulturkampfes von rechts“ (Brauner-Orthen 2001: 41) in Angriff nehmen.

Wie sich dieses Projekt mit diskursanalytischen Methoden untersuchen lässt, diskutiere ich im folgenden Kapitel.

7. Wissenschaftstheorie

Nachdem ich den für meine Untersuchung relevanten Forschungsstand sowie die wesentlichen theoretischen Perspektiven vorgestellt habe, widme ich mich nun der Diskussion des methodischen Zugangs. Dabei konzentriere ich mich zunächst auf die Verortung des diskurshistorischen Ansatzes im Spektrum der post-positivistischen Critical Discourse Analysis und führe im Anschluss daran in den Ansatz selbst ein.

7.1 Die Relevanz eines post-positivistischen Zugangs

Wie in den vorausgegangenen Kapiteln gezeigt, bedienen sich etablierte Wissenschaftler*innen im Bereich der Rechtsextremismus-Forschung hauptsächlich „klassisch“ politik- und sozialwissenschaftlicher Zugänge. Diese umfassen etwa vergleichende oder auf der Auswertung von Interviews und Umfragen basierende Ansätze (vgl. Heitmeyer 2012; Decker et al. 2015; Minkenberg 2015). Mit diesen Herangehensweisen lassen sich Phänomene wie die Verbreitung rechtsextremistischer Einstellungen, Wahlabsichten oder auch individuelle Motivationslagen erforschen, andere Facetten dagegen weniger gut. Dazu gehört die Rolle diskursiver Einflüsse im Allgemeinen und, wie im vorliegenden Fall, die Bedeutung von linguistischen Aspekten in Mediendebatten. Gerade hier vollzieht sich die Produktion und Reproduktion von Diskursen exemplarisch (Mautner 2008: 32).

Um diese Gesichtspunkte im Detail zu untersuchen, ist die Verwendung sogenannter „post-positivistischer“ (oder moderatkonstruktivistischer) Forschungsansätze[58] notwendig, die Dimensionen in den Blick nehmen können, welche die etablierte Politikwissenschaft ignoriert oder als gegeben voraussetzt. Das Adjektiv post-positivistisch beschreibt, dass diese Forschungsperspektiven sich nicht mit positivistisch-empiristischen Vorstellen von Wirklichkeit und Repräsentation begnügen, sondern darüber hinaus gehende Konzepte verfolgen. Wo beispielsweise quantitative, vergleichende Methoden sich vorrangig auf die vermeintlich in Umfragen abgebildete Empirie fokussieren, würden post-positivistische Zugänge das Zustandekommen der jeweiligen Einstellungen hinterfragen, indem sie von einer sozialen Konstruktion der Wirklichkeit ausgehen und die über Sprache und Symbole vermittelte Herstellung von Bedeutung(en) untersuchen. Ähnliches ist möglich, wenn etwa qualitative, biografische Interviews zusätzlich im Hinblick auf narrative, argumentative und diskursanalytische Fragestellungen ausgewertet werden.

Was sind nun die wissenschaftstheoretischen Grundlagen dieser post-positivistischen Ansätze?

7.2 Die post-positivistische Idee und ihre Implikationen

Post-positivistische Ansätze beziehen eine Gegenposition zu traditionellen, erkenntnistheoretischen Konzepten von Realität und

[58] Es gibt verschiedene Möglichkeiten, die wissenschaftstheoretischen Grundlagen verschiedener Forschungsansätze zu benennen und gegeneinander abzugrenzen. Ich verwende an dieser Stelle das Gegensatzpaar positivistisch – post-positivistisch, da es meiner Auffassung nach die epistemologischen und ontologischen Differenzen am deutlichsten ausdrückt (Haverland und Yanow 2012: 403f.). Gleichzeitig ist mir bewusst, dass sich die nicht-positivistischen Forschungsansätze breit auffächern (Alvesson und Sköldberg 2009: 20ff.) und eine Diskussion der verschiedenen Cultural Turns ebenfalls zielführend wäre (vgl. Bachmann-Medick 2009). Auf diese Vertiefung verzichte ich jedoch an dieser Stelle, um den Fokus beizubehalten.

Repräsentation. Diese basieren zugespitzt auf der Vorstellung, dass außerhalb sprachlicher Vermittlung eine „externe“ Welt existiert, die nach kausalen, objektiv erkennbaren Gesetzmäßigkeiten funktioniert. Insbesondere linguistisch geprägte, post-positivistische Ansätze lehnen diese epistemologischen Annahmen ab und betonen stattdessen die eigenständige Rolle, die sprachlichen Aspekten bei der Hervorbringung von Bedeutung in der Welt zukommt (Childers 1989: 383). Darüber hinaus beharren sie auf dem Gebundensein aller zu untersuchenden Phänomene an die konkreten sozialen Kontexte, die sie hervorbringen. Dieser Logik folgend, verändert sich die Haltung zu sozialwissenschaftlichen Kernbegriffen und Forschungsperspektiven. So ist beispielsweise „das Politische“ von einem post-positivistischen Standpunkt aus nicht mehr die Arena rational handelnder Akteur*innen oder das Ergebnis sich durchsetzender ökonomischer Notwendigkeiten, sondern eine Frage von sozial vermittelten Identitäten und Prozessen der Repräsentation. Forschungsfragen zielen nicht wie bisher auf den Test allgemeingültiger Hypothesen, sondern stattdessen verstehend-interpretativ auf die Rekonstruktion einzelner Bedeutungszusammenhänge (Hollis und Smith 1991: 68ff.). Gleichzeitig gibt es für post-positivistisch Forschende keine „absoluten“ Wahrheiten, jede gewonnene Erkenntnis ist wiederum untrennbar mit dem ihr zugrundeliegenden Forschungsprozess verknüpft und außerhalb dessen nicht ohne Weiteres reproduzierbar (Haverland und Yanow 2012: 403f.).

Diese Grundannahmen haben erhebliche Implikationen. Einmal gewonnene Erkenntnisse können zwar für die Anwendung auf andere Kontexte fruchtbar gemacht werden, allerdings ist dabei Vorsicht und Sorgfalt geboten. Des Weiteren ist die Rolle der Forschenden beständig zu reflektieren, da deren Involviertheit in den Forschungsprozess über implizite Grundannahmen oder den spezifischen Zugriff auf den Untersuchungsgegenstand die möglichen Resultate beeinflusst. Demzufolge sind die klassischen Gütekriterien positivistischer Forschung wie Objektivität, Reliabilität und Validität für einen post-positivistischen Zugang nur bedingt relevant. Stattdessen gelten die sozio-politische und historische Situierung des Forschungsgegenstandes, das konsistente wissenschaftstheoretische und methodische Vorgehen, die Transparenz des Forschungsprozesses sowie die kritische Reflektion der Ergebnisse als Gütesiegel post-positivistischer Forschung (Guba und Lincoln 2005: 195f.).[59]

Um zu bestimmen, wie dieser Anspruch konkret umgesetzt werden kann, stelle ich nun die Forschungsperspektive der Critical Discourse Analysis (CDA) vor, aus welcher der von mir verwendete diskurshistorische Zugang entstammt.

7.3 CDA als post-positivistische Forschungsperspektive

Obwohl das breite Spektrum der CDA durchaus heterogene Forschungsarbeiten[60] umfasst, lassen sich dennoch Überschneidungen zwischen ihnen herausstellen, die als das Fundament dieses Ansatzes gelten können. Ein charakteristischer Ausgangspunkt ist die geteilte Positionierung zum linguistic turn in den Sozialwissenschaften, inspiriert durch die linguistische Bewegung in der Philosophie. In Folge der sprachlichen Wende verschoben sich die erkenntnistheoretischen Vorstellungen über die Funktion von Sprache: weg von der Idee, Sprache sei ein Medium, das die Wirklichkeit ausdrücke, hin zu der Annahme, Sprache selbst bringe die Wirklichkeit hervor. Diese Auffassung selbst lässt noch verschiedene Weiterentwicklungen zu, etwa die strukturalistische Vorstellung von Sprache als geschlossenem Zeichensystem bei De Saussure (Machin und Mayr

[59] Inwieweit ich diesen Kriterien in dieser Arbeit gerecht werden konnte, diskutiere ich im Unterkapitel Grenzen der Arbeit sowie im Fazit.

[60] Reisigl unterscheidet in seiner Übersicht mindestens sechs Hauptvarianten (Resigl 2014a: 93f.).

2012: 17). Innerhalb der CDA stehen jedoch im Sinne der Äußerungspragmatik die einzelnen Sprechakte selbst im Fokus, untersucht wird die darin erfolgende Produktion von Sinn und Bedeutung. Von Interesse ist nicht, wie Bedeutung aus den der Äußerung übergeordneten Strukturen entsteht oder von Akteur*innen intentional hervorgebracht wird, sondern inwiefern sprachliche Praktiken im Zusammenspiel von Text und Kontext Sinn generieren (Wrana 2014: 521). Einen verbindlichen Ausdruck findet diese pragmatische Herangehensweise in der Vorstellung, dass die Konstitution von Sinn und Wissen ein Effekt von konkreten sprachlichen Praktiken ist, nicht von Strukturen oder Subjekten. Demzufolge werden Diskurse innerhalb der CDA weitgehend als „soziale Praktiken" verstanden (Fairclough 1995: 7; Wodak und Meyer 2009: 5). Ausgehend von den soziolinguistischen Grundannahmen schließt dieses Verständnis auf eine dialektische Beziehung zwischen diskursiven Ereignissen, sozialen Institutionen und Strukturen:

> *„Die Kritische Diskursanalyse konzeptionalisiert Sprache als Form sozialer Praxis und versucht, den Menschen die ihnen meist nicht bewusste gegenseitige Beeinflussung von Sprache und sozialer Struktur bewußt zu machen"* (Titscher et al. 1998: 181).

Um diese wechselseitige Beziehung oder Vermittlung zwischen Texten und Institutionen, Diskursen und gesellschaftlichen Strukturen zu verstehen, bedarf es einer Kombination heterogener Methoden und Perspektiven (Weiss und Wodak 2003: 6ff.). Zu diesem Zweck befragt die CDA linguistische, soziologische und historische Forschungsmethoden auf ihren potentiellen Beitrag zur Untersuchung eines spezifischen Phänomens. Transdisziplinarität ist deshalb ein wesentlicher Bestandteil des Ansatzes. Sie sichert ab, dass die Einbettung des diskursiven Elementes in soziale Strukturen und Prozesse möglichst umfassend erfasst und der Gegenstand in seiner Komplexität analysiert wird (Fairclough 1995: 9; Fairclough und Wodak 1997: 277).

Eine umfangreiche Betrachtung dieser Wechselbeziehung ist auch notwendig, um die namensgebende kritische Stoßrichtung des CDA-Ansatzes zu verstehen, welche auf zwei zentrale Anliegen zielt. Zum einem gehen dessen Vertreter*innen wie beschrieben davon aus, dass soziale und politische Prozesse zwangsläufig einen linguistisch-diskursiven Charakter aufweisen, Sprache also etwa unweigerlich mit Aspekten von Repräsentation und Identitätsbildung verbunden ist (Fairclough und Wodak 1997: 271ff.). In diesem Sinne sind sprachliche Praktiken Teil von gesellschaftlichen Machtverhältnissen, reproduzieren und verändern diese. In der Tradition herrschaftskritischer Vordenker wie Gramsci, Althusser oder Habermas geht es der CDA um eine Sichtbarmachung dieser Zusammenhänge, um das Aufzeigen der Verstrickung von Sprache in das Fortbestehen sozialer Ungleichverhältnisse (Habermas 1968: 259; Weiss und Wodak 2003: 14). Die Frage, inwieweit gesellschaftliche Unterdrückung durch linguistisch vermittelte Identitäten oder Weltbilder aufrechterhalten wird, ist insofern eine modernisierte Form der Kritik sozialer Ungleichheit (Wodak und Meyer 2009: 10).

Das reflexive Hinterfragen der Forschenden gilt jedoch nicht nur vermeintlich „externen" gesellschaftlichen Phänomenen, sondern berücksichtigt auch die eigene Position im Wissenschaftsbetrieb. Die zweite kritische Stoßrichtung der CDA ist daher die explizit reflexive Haltung zum Forschungsgegenstand und -prozess. Eine grundlegende Motivation ist die bewusste Parteinahme der Forschenden mit gesellschaftlichen marginalisierten Gruppen und das Bestreben, Diskurse zu „entmystifizieren" um darüber vermittelte Asymmetrien aufzudecken (ebd.). Dieser normative Standpunkt gilt im post-positivistischen Wissenschaftsverständnis nicht als eine „unwissenschaftliche" oder „voreingenommene" Herangehensweise, sondern ist vielmehr unabdingbarer Bestandteil einer progressiven Forschungsarbeit, da von einer unauflöslichen Verflechtung der Forschenden mit gesellschaftlichen Prozessen ausgegangen wird. Auch der diskurshistorische Ansatz misst diesem Aspekt großen Wert zu und wird nun detailliert vorgestellt.

7.4 Der diskurshistorische Ansatz als Form der CDA

Als „Wiener Spielart" der CDA wurde der diskurshistorische Ansatz (DHA) ab den 1980 Jahren von den Sprachwissenschaftler*innen Ruth Wodak, Martin Reisigl und anderen in Österreich entwickelt. Der ursprüngliche Aufhänger war zunächst die ab 1986 öffentlich geführte Debatte um die NS-Vergangenheit des damaligen österreichischen Bundespräsidenten Kurt Waldheim (1918-2007) (vgl. Wodak et al. 1990). Zeitnah daran schloss sich das Forschungsprojekt zum Gedenkjahr 1988 an, welches die österreichische Erinnerungspolitik sowie historische und zeitgenössische Bezüge zu Faschismus und Antisemitismus untersuchte (vgl. Wodak et al. 1994). Weitere Folgestudien nahmen unter anderem die rassistische Diskriminierung von Migrant*innen in den Blick und widmeten sich Fragen der Nationalitätsbildung (vgl. Matouschek et al. 1995; Wodak et al. 1998). Wie aus den genannten Beispielen deutlich wird, lag ein besonderer Schwerpunkt der Projekte auf der umfangreichen sozio-historischen Verortung der Forschungsthemen. Um diese Kontextualisierung zu erreichen, wurden je nach Untersuchungsgegenstand transdisziplinäre Perspektiven an das Material herangetragen. Im Verlauf ihrer Arbeiten entwickelten die beteiligten Forscher*innen den DHA zu einem eigenständigen Ansatz im Spektrum der CDA.

7.4.1 Forschungsprogramm und Grundbegriffe des DHA

Der diskurshistorische Ansatz orientiert sich in seiner grundsätzlichen Ausrichtung an der Forschungsperspektive der CDA.[61]

[61] Zum spezifischen Verständnis der Konzepte Kritik und Macht im diskurshistorischen Zugang vgl. Reisigl und Wodak 2001: 64 sowie Wodak und Reisigl 2009: 87ff.

Das Verständnis von Kritik ist hier ein dreidimensionales. Es geht sowohl um eine textinterne Kritik (also den Blick auf etwaige immanente Widersprüche) als auch um eine reflektierte Einordnung der diskursiven Praktiken im Hinblick auf ihre gesellschaftliche Bedeutung. Da gesellschaftliche Machtverhältnisse in Diskursen reproduziert, aber auch in Frage gestellt werden könnten, kommt diesem Aspekt große Bedeutung zu. Nach dem Abschluss der eigentlichen Analyse ist eine produktive (Weiter-)Verwendung der Ergebnisse angedacht: Erkenntnisse sollen nicht nur publiziert, sondern nach Möglichkeit in Bildungsmaterialien o.ä. nutzbar gemacht werden.

Grundlegende konzeptionelle Begriffe des DHA sind die Folgenden:

A. Diskurse werden von Wodak und Reisigl als kontextgebundene sprachliche Praktiken definiert, welche in einem spezifischen sozialen Feld situiert sind (Reisigl und Wodak 2009: 89). Über dieses soziale Feld sind sie mit einem übergeordneten Makro-Thema verbunden. Innerhalb von Diskursen versuchen soziale Akteur*innen, ihre jeweiligen Wahrheitsansprüche argumentativ durchzusetzen. Diskurse haben aus dieser Perspektive vielfältige Effekte: Während sie selbst von der Konstellation in den jeweiligen sozialen Feldern geprägt sind, reproduzieren sie diese gleichzeitig. In diesem Zusammenhang können sie auch zur Transformation der „sozialen Wirklichkeit“ beitragen (Reisigl und Wodak 2001: 40).

B. Interdiskursivität beschreibt die uneinheitlichen und mannigfachen Verknüpfungen zwischen einzelnen Diskursen, welche durch die inhaltliche Nähe zwischen deren jeweiligen Makro-Themen entstehen (Reisigl und Wodak 2009: 90). So wird sich im Verlauf meiner Analyse zeigen, dass ein Diskurs zum Thema Asylpolitik ohne weiteres anschlussfähig für Diskurse aus dem Bereich der Familien- und Sexualpolitik ist.

C. Texte sind als Produkte linguistischer Akte Teil von Diskursen und bilden die argumentativen Auseinandersetzungen in diesen ab. Gleichzeitig konservieren sie Sprechakte zeitlich unbegrenzt und verknüpfen darüber unterschiedliche Sprechsituationen, den

Moment der Textproduktion (oder der Aufzeichnung) und den der Textrezeption (ebd. 90). Texte lassen sie noch weiter in Sätze, Satzteile oder Worte gliedern, diese Aufteilung ist eine formal-schematische.

D. *Diskursstränge* sind inhaltlich aufeinander bezogene Diskursstrukturen, die sich aus einzelnen Diskursfragmenten zusammensetzen und miteinander verwoben sein können. Einen Materialkorpus nach Strängen zu unterscheiden ist eine Form der thematischen Untergliederung (Ulrich 2008: 24).[62]

E. Genre bezeichnet eine sozial anerkannte, spezifische Form des Sprachgebrauchs oder der Textsorte, welche wiederum mit speziellen Codes und Handlungen verknüpft ist (Fairclough 1995: 63ff.). Ich werde beispielsweise im Rahmen der Feinanalyse die Textsorten Kommentar und Bericht voneinander abgrenzen und jeweils unter gesonderten Gesichtspunkten analysieren.

F. Intertextualität verweist auf mögliche Verbindungen, in der einzelne Sprechakte aufeinander bezogen sein können. Diese entstehen etwa durch einen verwandten inhaltlichen Fokus oder die Verwendung ähnlicher Argumente (ebd.). Dieses Phänomen werde ich bei der Vorstellung meines Materialkorpus‘ exemplarisch diskutieren (vgl. Kapitel 8).

Mit der Einführung in das Panorama neurechter Diskurse zu Beginn meiner Arbeit habe ich gemäß des programmatischen Anspruchs des DHA eine prinzipielle Verortung des Forschungsgegenstandes vorgenommen. In der Feinanalyse wird es darum gehen, die vielfältigen interdiskursiven und intertextuellen Wechselbezüge im Material selbst zu analysieren. Zuvor lege ich jedoch dar, wie ich zu meinem endgültigen Textkorpus gekommen bin.

[62] Der Begriff des Diskursstranges wird vorrangig von der „Duisburger Schule“ am Duisburger Institut für Sprach- und Sozialforschung verwendet, die sich theoretisch stark auf Foucault und Link beziehen (Reisigl 2014b: 119f.). Auch diese Spielart der Diskursanalyse ist Teil der CDA. Da der Begriff des Diskursstrangs nicht im Widerspruch zum konzeptionellen Rahmen des DHAs steht und ich ihn im Folgenden zur Strukturierung des Materials verwende, führe ich ihn hier bereits ein.

8. Zum Textkorpus

Zusammenstellung und Entwicklung des Textkorpus

Die Ereignisse der Kölner Silvesternacht bildeten den ursprünglichen Ausgangspunkt meiner Recherchen. Deshalb begann ich zunächst damit, Artikel aus der *Jungen Freiheit* zu sichten, die nach dem Bekanntwerden der Vorfälle erschienen waren. Als relevant im Sinne meiner Fragestellung verstand ich Texte, welche die Begriffe „Köln“ und „sexuelle Übergriffe“ enthielten. In der am 08. Januar erschienenen, zweiten Ausgabe der JF des Jahres 2016 wurde ich erstmals fündig. Diese Ausgabe bildet damit die 'Untergrenze' meiner Textsammlung. Die Verteilung der direkt auf die Kölner Vorfälle bezogenen Artikel in den nächsten Ausgaben bildet die folgende Tabelle ab.

Tabelle 3. Verteilung der JF-Artikel mit Köln-Bezug im ursprünglichen Korpus

Ausgabe 2016	**02**	**03**	**04**	**05**	**06**	**07**	**08**	**09**	**10**
Anzahl der Artikel	3	7	3	2	1	2	-	-	-

Nachdem ich in der Ausgabe 10/2016 aus der ersten Märzwoche 2016 zum dritten Mal keine neuen Artikel fand, schloss ich die Suche in den Zeitschriften ab und betrachtete die letzte Ausgabe als zeitliche „Obergrenze“ des Korpus. Die Materialsammlung erschien zunächst gesättigt (Mautner 2008: 35).

Während der Recherche fiel mir auf, dass die durchgesehenen Ausgaben auch andere Artikel enthielten, welche ebenfalls geschlechtsspezifische Aspekte thematisierten. Um erfassen zu können, inwieweit sich die Berichterstattung der *Jungen Freiheit* zu den

Ereignissen in Köln mit der Diskussion anderer geschlechtspolitischer Fragen überschneidet, beschloss ich meinen Korpus im Sinne eines zirkulären Vorgehens zu erweitern. Auf der Grundlage meines Vorwissens zu Gender-Debatten in rechten Medien legte ich die zusätzlichen Suchbegriffe „Gender“, „Feminismus“ und „Sexismus“ fest und berücksichtigte zusätzlich alle relevanten Artikel. Die Verteilung in diesem erweiterten Korpus stellt die folgende Tabelle dar, wobei die Zahlen in Klammern für neu aufgenommene Texte stehen.

Tabelle 4. Verteilung der JF-Artikel im erweiterten Korpus

Ausgabe 2016	**02**	**03**	**04**	**05**	**06**	**07**	**08**	**09**	**10**
Anzahl der Artikel	3	7	3	2 (4)	1	2 (1)	-	- (3)	- (2)

In beiden Versionen des Korpus' fiel auf, dass die Artikel in sich heterogen waren. So wiesen bereits die Texte des ursprünglichen Korpus zwar den gemeinsamen Suchbegriff „Köln“ auf, knüpften dabei aber an verschiedene Aspekte an – zum Beispiel an die Asyl- und Migrationspolitik oder die Islamdebatte. Mit der Berücksichtigung zusätzlicher Texte nahm die Vielfalt der intertextuellen Bezüge und Querverweise noch zu. Deshalb entschied ich mich dazu, das Gesamtmaterial erneut inhaltlich zu strukturieren und schlagwortartige Oberkategorien zu entwickeln. Dabei orientierte ich mich an den von Mayring ausgearbeiteten Standards der qualitativen Inhaltsanalyse und modifizierte sie meinem Vorhaben entsprechend. Die von ihm vorgeschlagene Technik des Zusammenfassens erschien mir am geeignetsten, um das Material des erweiterten Korpus' mit einem induktiven Anspruch zu untersuchen (Ramsenthaler 2013: 30). Da ich die Inhaltsanalyse nur zur Ordnung und nicht zur Feinanalyse des Materials nutzte, sah ich in der Verwendung der Prozedur keinen Widerspruch zu den methodischen Standards der Diskursforschung. Im weiteren Verlauf identifizierte ich jeweils die inhaltstragenden Textstellen der Artikel, generalisierte diese und kam so im Wechselspiel aus Reduktion und Bündelung zu einem aussagekräftigen Schlagwort- beziehungsweise Kategoriensystem (Mayring 2010: 63ff.). Pro Artikel vergab ich jeweils zwei Schlagworte. Daraus ergab sich die auf der nächsten Seite abgebildete Verteilung der einzelnen Schlagwortkombinationen, wobei die Häufigkeit der einzelnen Verknüpfungen durch die Zahl in Klammern über oder neben dem Pfeil ausgedrückt ist.

Verteilung der Schlagwortkombinationen

		Bildungspolitik				Islamkritik		
		(4) ↕				(3) ↕		
Biopolitik	(1) ↔	Gender Mainstreaming	(3) ↔	Kritik am Establishment		Asylpolitik		
				(4) ↕		(4) ↕		
				Feminismus	(1) ↔	Gewalt gegen Frauen	(2) ↔	Innere Sicherheit

Die am häufigsten auftretende Verknüpfung ist die zwischen den Schlagworten „Kritik am Establishment“ und „Asylpolitik“. Da bereits intensiv erforscht ist, wie der neurechte Diskurs in diesem Themenbereich aussieht (vgl. Unterkapitel 2.1) und die dazugehörigen Texte wenig geschlechtspolitische Implikationen aufwiesen, beschloss ich, diese Verknüpfung nicht in das Zentrum meiner Analyse zu stellen. Stattdessen fokussierte ich mich auf die in der Übersicht grau unterlegten Kombinationen zwischen den Schlagworten „Bildungspolitik“, „Gender Mainstreaming“, „Kritik am Establishment“, „Islamkritik“, „Asylpolitik“, „Gewalt gegen Frauen“. Beide Schlagwortketten weisen zusammen jeweils die Anzahl von sieben (jeweils 4+3) Verknüpfungen im Material auf, was bei einer Gesamtzahl von 28 Kombinationen dafür spricht, dass sie häufig vorkommen.[63] Darüber hinaus enthalten die dazugehörigen Texte explizit geschlechtspolitische Fundstellen. Ich betrachte diese Kombinationsketten als zwei für mein Untersuchungsinteresse relevante Diskursstränge und benenne diese beiden Strukturen von jetzt an als „Diskursstrang Köln“ und „Diskursstrang Bildungsplan“.

Im folgenden Kapitel werden beide einer theoriegeleiteten Feinanalyse unterzogen.

[63] Zur Übersicht über die Gesamtverteilung der Schlagwortkombinationen, vgl. Kapitel 12 (Anhang).

9. Feinanalyse

Im folgenden Kapitel erläutere ich zunächst den theoretischen Rahmen der Feinanalyse. Hier stelle ich insbesondere die Bedeutung von zuschreibenden und argumentierenden Praktiken für meine Untersuchung heraus. Im Anschluss daran diskutiere ich die Untersuchungsergebnisse im Bereich der beiden Diskursstränge getrennt voneinander.

9.1 Abriss des analytischen Vorgehens

Die erkenntnisleitenden Fragestellungen meiner Untersuchung lauten: Was sind die geschlechtspolitischen Positionen der *Jungen Freiheit*? Wie sind diese semantisch und argumentativ ineinander verschränkt? Die Feinanalyse konzentriert sich im Sinne einer pragmatischen Perspektive darauf zu untersuchen, welche Positionen innerhalb der beiden betrachteten diskursiven Stränge vorliegen und wie diese semantisch entstehen. Mein Fokus liegt nicht auf der weiterführenden Frage nach diskursiven Strategien, sondern auf den vielfältigen Sprachpraktiken, die über konkrete sprachliche Mittel die geschlechtspolitischen Positionen der *Jungen Freiheit* hervorbringen (Reisigl und Wodak 2001: 44f.). Dabei konzentriere ich mich auf zwei Schwerpunkte: zuschreibende und argumentierende Praktiken. Zuschreibungen porträtieren die Personen innerhalb des jeweiligen Diskurses und rufen Gefühle der Sympathie oder Abneigung bei den Beobachter*innen hervor. Argumentationsmuster verknüpfen einzelne inhaltliche Aspekte und lassen sie als zusammengehörig, aufeinander bezogen oder widersprüchlich erscheinen.

Im Laufe der Untersuchung ist zu beachten, dass mein Textkorpus drei unterschiedliche Textsorten (Genres) umfasst: Berichte,

Kommentare und Interviews. Ausgehend von den Ergebnissen früherer diskurshistorischer Studien erwartete ich, dass sich die Textsorten im Hinblick auf ihre Funktion und damit auch in Bezug auf das Vorhandensein von linguistischen Strukturen unterscheiden (Wodak et al. 1990: 32f; vgl. auch Unterkapitel 7.4.1). Somit fokussierte ich mich bei der Untersuchung der Berichte vorrangig auf die vielfältigen Benennungen und Zuschreibungen, während ich in der Analyse der Kommentare und Interviews stärker die argumentierenden Praktiken in den Blick nahm. Während mir diese Aufteilung bei der Feinanalyse half, bemühte ich mich dennoch darum, einen induktiven Zugang zum Material zu bewahren. Fand ich argumentierende Fundstellen in den Berichten oder zuschreibende in den Kommentaren, nahm ich diese selbstverständlich in den weiteren Analyseprozess auf.

9.1.1 Die Rolle von Zuschreibungen und Verben für die Repräsentation von Personen

Bei der textuellen, visuellen und semantischen Repräsentation von Menschen gibt es keinen objektiven, neutralen Weg. Beim Verfassen von Texten hat die schreibende (kommunizierende) Person die Wahl zwischen verschiedenen Möglichkeiten, die jeweiligen Individuen darzustellen. Innerhalb dieser Optionen hebt die Schreiber*in zwangsläufig einzelne Aspekte der Identität der beschriebenen Personen hervor und platziert sie somit auf eine bestimmte Art und Weise in der sozialen Welt. Das Zusammenspiel dieser Kommunikationsentscheidungen hat sowohl direkten als auch indirekten Einfluss auf die Wahrnehmung der Lesenden und die bei ihnen hervorgerufenen Emotionen und Bewertungen, das Gelesene betreffend (Machin und Mayr 2012: 77ff.). Aus den von Reisigl und Wodak formulierten Vorschlägen zur Feinanalyse von Texten[64] konzent-

[64] Für detaillierte Überlegungen zu den verschiedenen Aspekten der Feinanalyse vgl. etwa Reisigl und Wodak 2009: 93.

riere ich mich auf jene Fragen, welche die Repräsentation von Personen in den Blick nehmen: Wie werden soziale AkteurInnen – Individuen und Gruppen – benannt und sprachlich konstruiert? Welche (positiven oder negativen) Eigenschaften werden den im Diskurs positionierten sozialen AkteurInnen zugeschrieben? (Reisigl 2007: 8)

Diese Fragen zielen auf die Benennung von Personen (Nomination) sowie die ihnen zugeschriebenen Eigenschaften (Prädikation). So wird die exemplarische Bezeichnung „renommierte Expertin" einen anderen Eindruck hervorrufen als die Zuschreibung „Aktivist der Homo-Lobby". Ich ergänze diese dem diskurshistorischen Ansatz entnommenen Fragen um die von Machin und Mayr vorgeschlagene Untersuchung der quoting verbs. Die beiden Sprachwissenschaftler*innen betonen, ergänzend zu den bekannten Aspekten, die Rolle von Verben für repräsentative Eindrücke. Zitierende Prädikate (quoting verbs) beeinflussen den Eindruck der beschriebenen Personen auf die Lesenden ebenfalls stark (Machin und Mayr 2012: 57ff. und 104ff.). Wird etwa formuliert „stotterte der Bildungsminister, sichtlich um Fassung bemüht", wirkt dies anders als im Beispiel „erklärte die Referentin in ruhigem Ton".

9.1.2 Argumentierende Praktiken I: Fallacies

Die Analyse von Argumentationsmustern innerhalb des DHA fragt danach, inwiefern etwa falsche Behauptungen oder widersprüchliche Aussagen innerhalb von Texten zur Aufrechterhaltung gesellschaftlicher Machtverhältnisse beitragen, indem sie beispielweise vorhandene Diskriminierungsformen rechtfertigen oder leugnen. Den Hintergrund dieser Überlegungen bildet ein mit der Habermasschen Diskursethik verwandtes idealtypisches Modell rationaler Argumentation. Bei Habermas umfasst die insbesondere in öffentlichen Debatte anzustrebende ideale Gesprächssituation „verständigungsorientierte Sprechhandlungen", die sich an den Geltungsansprüchen der „Wahrheit, normativen Richtigkeit, Wahrhaftigkeit und Verständlichkeit“ orientieren sollen. Diese symmetrische Gesprächssituation ist die Voraussetzung dafür, dass sich der „zwanglose Zwang des besseren Arguments“ durchsetzen kann (Habermas 2009: 144). Wodak und Reisigl verstehen diesen Modus als den des Überzeugens. Diesen grenzen sie vom Modus des Überredens ab, der irrationale Manipulation oder Demagogie beschreibt, welche sich jeweils dem logischen Urteil entzieht (Reisigl und Wodak 2001: 70).

Zur Beantwortung der Frage, wie sich argumentierende Texte vor dem Hintergrund dieser idealtypischen Annahmen nun konkret einordnen und bewerten lassen, greifen Reisigl und Wodak auf das pragma-dialektische Konzept von van Eemeren und Grootendorst zurück. In diesem ist die Habersmassche Diskursethik auf einen Katalog von zehn spezifischen Diskussionsregeln reduziert, der die auf Verständigung zielende Gesprächssituation abbilden soll (van Eemeren und Grootendorst 1992: 104f. sowie 208ff.). Aus diesem führe ich hier diejenigen an, welche sich für die Diskussion meines Materials als besonders hilfreich erwiesen haben:

3. Ein Widerlegungsversuch muss sich auf denjenigen Standpunkt beziehen, der tatsächlich von der Gegenpartei in der Diskussion geäußert worden ist.

4. Ein Standpunkt darf nur dadurch verteidigt werden, dass man Argumente für den Standpunkt vorbringt.

5. Eine Person ist verpflichtet, zu den Voraussetzungen (=Prämissen) zu stehen, die er oder sie implizit zum Ausdruck gebracht hat. Umgekehrt dürfen dem Kontrahenten nicht Prämissen unterstellt werden, die sich aus seinen Äußerungen gar nicht entnehmen lassen.

6. Eine Prämisse darf nicht fälschlicherweise als gemeinsam akzeptierter Standpunkt hingestellt werden, und umgekehrt darf eine Prämisse, die gemeinsam akzeptiert ist, nicht zurückgewiesen werden.

7. Ein Standpunkt darf nicht als hinreichend gerechtfertigt angesehen werden, wenn die Rechtfertigung nicht durch ein plausibles und korrekt angewendetes Argumentationsmuster erfolgt.

10. Die Formulierung der Argumentation darf weder ungenau noch mehrdeutig sein, und die Gesprächsteilnehmer müssen gegenseitig ihre Formulierungen so sorgfältig wie möglich interpretieren (deutsche Version zitiert nach Kienpointner 1996: 26f.).

Wird eine dieser Regeln im Gespräch verletzt, bezeichnen die Sprachwissenschaftler*innen dies als „fallacy" (Trugschluss). Ein solcher erscheint als valides Argument, ist es aber nicht (van Eemeren und Grootendorst 1992: 102f.). Als solches verlässt es den Rahmen einer vernünftigen Diskussion und stellt das (normative gesetzte) Ziel der Verständigung durch den Austausch rationaler, logisch nachvollziehbarer Argumente in Frage. Treten Trugschlüsse gehäuft und systematisch auf, liegt die Annahme nahe, dass die tatsächliche Absicht der Kommunizierenden eher im manipulativen Überreden liegt.

9.1.3 Argumentierende Praktiken II: Topoi

Ein weiterer relevanter Aspekt für die Untersuchung von Argumentationsstrukturen ist die Frage nach wiederkehrenden Topoi (also nach Themen oder Vorstellungsbildern). Topoi sind spezifische Argumentationsfiguren, deren Überzeugungskraft sich rhetorisch ergibt. Grundsätzlich bestehen Argumentationen aus den Bestandteilen Argument, Schlussregel und Konklusion, die aufeinander bezogen gewissermaßen einen „Dreischritt" bilden (Wengeler 2003: 2ff.). Eine zur Diskussion gestellte Aussage (die Konklusion) soll dadurch gerechtfertigt werden, dass eine unstrittige Aussage (Argument) vorgebracht und durch eine Schlussregel auf die Konklusion bezogen wird (ebd.). Diese Schlussregeln rechtfertigen also „den Übergang vom Argument zur Konklusion" (Kienpointner

1992: 194). Ein exemplarisches Beispiel nennt der Sprachwissenschaftler Wengeler: um die Konklusion „Das Asylrecht muss geändert werden“ zu rechtfertigen, wird die Aussage „Das Asylrecht wird von vielen missbraucht“ angeführt. Als (implizite) Schlussregel dient dabei der Satz „Wenn ein Recht von vielen missbraucht wird, sollte die rechtliche Grundlage verändert werden“ (Wengeler 2003: 3). In der Alltagspraxis ist es die Regel, dass diese argumentativen Schlüsse nicht vollständig empirisch oder logisch unterfüttert sein können, sondern anhand von Plausibilitätsüberlegungen getroffen und vom Gegenüber der sprechenden Person eingeschätzt werden. Deshalb sind auch die Schlussregeln häufig nicht expliziert ausformuliert, sondern werden entweder vorausgesetzt oder zwischen den Zeilen transportiert (ebd.). Auf diese Art und Weise wirken insbesondere tief im Alltagsverständnis verankerte Topoi wie etwa die Vorstellung, dass eine potentielle Bedrohung nach Möglichkeit abgewehrt werden muss oder das eine Verschwendung öffentlicher Finanzen zu verhindern ist. Was genau dabei als „Bedrohung“ oder „Verschwendung“ definiert wird, ist dabei wieder eine Frage der konkreten Argumentation. Genau hier liegt wieder die Möglichkeit einer vom Gesprächsmodus des Überzeugens abweichenden Form des manipulativen Überredens, wenn eine akzeptierte Schlussregel zur Rechtfertigung einer strittigen Konklusion herangezogen wird.

Grundsätzlich existieren sowohl eher allgemeine Topoi (wie der der Bedrohung oder der der Finanzen), als auch themenspezifische, die nur in bestimmten Debatten auftreten. In meiner Untersuchung beziehe ich mich zunächst auf diejenigen, welche Wodak und Resigl bereits im DHA herausarbeiteten (vgl. exemplarisch Reisigl und Wodak 2001: 69ff.). Diese diskutiere ich dann im Bezug auf die meiner Arbeit zugrundeliegende Sekundärliteratur, um die geschlechtsspezifischen Implikationen der Argumentationsmuster erfassen zu können und eventuelle themenspezifische Modifikationen der weit verbreiteten Topoi herauszustellen.

9.2 Vorstellung Untersuchungsergebnisse Diskursstrang Köln

In diesem Kapitel konzentriere ich mich ausschließlich auf das Material zum Diskursstrang Köln. Zu Beginn betrachte ich, wie die Silvesternacht selbst in den Artikeln diskutiert wurde, erörtere dann die Repräsentation relevanter Personengruppen und schließe mit einem Blick auf die Fallacies und Topoi.

9.2.1 Die Ereignisse in der Sprache des Materials

Hier betrachte ich, welche Fundstellen das Hauptereignis des Diskurses selbst bezeichnen. Daran ist zu sehen, welche Aspekte der Silvesternacht semantisch besonders hervorgehoben werden und welchen Charakter sie in den Texten zugewiesen bekommt. Wie in den Ausführungen zu den unterschiedlichen Textsorten bereits angekündigt, unterscheide ich die Fundstellen an dieser Stelle zusätzlich nach den Genres Bericht und Kommentar, um die Differenzen zwischen den beiden herauszustellen. Außerdem gruppiere ich in der folgenden tabellarischen Darstellung diejenigen Formulierungen untereinander, die für mich eine ähnliche inhaltliche Aussage treffen.

Tabelle 5. Bezeichnungen der Kölner Silvesternacht im Material zum Diskursstrang Köln

Berichte	**Kommentare**
Sexattacken (JF 02*) massenhafte Sexattacken (JF 07)	Traumatisches Erlebnis (JF 01)
sexuelle Übergriffe (JF 02) massive sexuelle Übergriffe (JF 07)	Gewaltorgien (JF 01) „blanke Gewalt“ (JF 03) temporäre kriegerische Inbesitznahme (JF 04) sexuelle Angriffe mit ethnokulturellem Hintergrund (JF 04)
Ausschreitungen (JF 05)	
Eskalation (JF 05)	
Exzesse (JF 05)	Massenübergriffe (JF 01) Übergriffe und Randale (JF 04) ‚organisierter Massenmissbrauch‘ (JF 03)
Vergewaltigungen (JF 07)	
„Spießrutenlaufen“ (JF 07)	Machtdemonstration von politischer Qualität (JF 04)
	war erst der Anfang (JF 01) Zeitenwende (JF 09) als Symbol dessen, was uns in Zukunft blühen wird (JF 10) Begleiterscheinung, wenn sich neue, vitale oder auch bloß siegreiche Zivilisationen über alte, erschöpfte und besiegte schieben (JF 04)

* Die Zahlen in Klammern verweisen auf die Codierung der Artikel im Textkorpus (vgl. Anhang).

An den vorgestellten Bezeichnungen der Kölner Silvesternacht sind für mich vier Dinge interessant. Zunächst ist augenfällig, dass der benennende Fokus auf dem Aspekt der sexuellen Übergriffe liegt. Das ist bemerkenswert, da die Anzahl der in Köln in Bezug auf die Silvesternacht angezeigten Taschendiebstähle im Januar und Februar 2016 stets höher als die der Sexualstraftaten war. So hatte die Kölner Polizei bis Ende Januar 372 Anzeigen wegen Taschendiebstahls aufgenommen und 274 wegen sexueller Belästigung (vgl. Flade et al. 2016). Auch im Juni 2016 bezog sich nur knapp die Hälfte der insgesamt zur Anzeige gebrachten Straftaten auf Sexualdelikte (497 von 1.182; vgl. Klormann 2016). Natürlich ist nachvollziehbar, dass sexuelle Übergriffe aufgrund der Schwere der Straftat mehr mediale Aufmerksamkeit erhalten. Dennoch ist das gänzliche Fehlen von möglichen anderen Bezeichnungen wie „Raubzug“ oder „Serie von Taschendiebstählen“ meiner Ansicht nach kein Zufall. Der Verzicht darauf zu erwähnen, dass ein Teil der Angriffe womöglich vorrangig materiell motiviert war und dem Erbeuten von Wertsachen galt, lässt die tatsächliche und vermeintliche sexuelle Aggression der Täter stärker hervortreten. Diese Form des Ausblendens eines Teils der Kontextinformationen wird in der Literatur auch als backgrounding bezeichnet (Reisigl und Wodak 2001: 47).

Der umgekehrte Effekt, also das selektive Hervorheben eines Aspektes, ist zu beobachten, wenn die Gewaltförmigkeit der in der Silvesternacht begangenen Straftaten diskutiert wird. Prinzipiell ist anzuerkennen, dass jedem sexuellen Übergriff eine Form psychischer und physischer Gewalt innewohnt. Dies soll hier nicht relativiert werden. Meine Beobachtung bezieht sich spezifisch auf Bezeichnungen wie „Gewaltorgien“ (JF 01) oder „blanke Gewalt“ (JF 03), die ein Klima massiver körperlicher Bedrohungen suggerieren. Der Ausdruck „temporäre kriegerische Inbesitznahme“ (JF 04) ist das extremste Beispiel für das Bild eines militärischen Ausnahmezustandes auf der Kölner Domplatte, den es so nicht gegeben hat. Gleichzeitig enthält die Formulierung ein weiteres interessantes Element: sie impliziert einen geplanten Akt, was auch die Bezeichnungen „organisierter Massenmissbrauch" (JF 03) oder „Machtdemonstration von politischer Qualität" (JF 04) nahelegen. Diese Formulierungen suggerieren ein nahezu strategisches Vorgehen der Täter, was der zuständige Gutachter im Untersuchungsausschuss so nicht bestätigen konnte (vgl. FAZ 2016).

Des Weiteren deuten die Bezeichnungen auf die Existenz einer homogenen Feindgruppe hin, die planvoll, kollektiv und brutal vorgeht. Auf diesen Eindruck folgt die finale Einschätzung, dass die Übergriffe der Kölner Silvesternacht eine „Zeitenwende" (JF 09) markieren. Die Ereignisse waren demnach nur „der Anfang" dessen, „was uns in Zukunft blühen wird" (JF 10), wenn „unsere alte, erschöpfte Zivilisation durch eine neue, vitale verdrängt wird" (JF 04). Diese Formulierungen spitzen das vorher Gesagte erneut zu und deuten die Übergriffe zu einem schicksalhaften Ereignis um (das Motiv der Zeitenwende geht darüber hinaus in eine argumentative Figur über, die ich im Kontext der Fallacy-Analyse noch einmal gesondert betrachten werde).

Mit Blick auf die Frage der Textsorten ist weiterhin festzuhalten, dass sich der Ton zwischen den Genres Bericht und Kommentar erheblich verschärft. Ist in den Berichten schon von „Sexattacken" und „Vergewaltigungen" die Rede, bezeichnen die Kommentare denselben Tatbestand als „organisierten Massenmissbrauch" oder als „kriegerische Inbesitznahme". Da der Textform des Kommentars eine stärker meinungsbildende und polarisierende Funktion zukommt, überrascht diese Feststellung nicht weiter (Wodak et al. 1990: 32f.). Nachdem ich sie hier beispielhaft festgehalten habe, soll sie im weiteren Verlauf der Auswertung als gegeben gelten.

Nachdem bis hierher die prägnanten Beobachtungen zur Bezeichnung der Silvesternacht in den ausgewählten Artikel festgehalten sind, wende ich mich jetzt der Repräsentation von Personengruppen im Artikelmaterial zum Diskursstrang Köln zu. Da eine detaillierte Diskussion aller Fundstellen den Rahmen sprengen würde, konzentriere ich mich auf die aussagekräftigsten. Darunter fasse ich diejenigen Formulierungen, die in ähnlicher Form gehäuft auftreten (vgl. mein Vorgehen in Tabelle 5). Um einen strukturierten Überblick über die Personenkonstellation geben zu können, ordne ich die in den Texten auftauchenden Fraktionen zunächst nach überwiegend negativ präsentierten (Feindbildern) sowie eher empathisch betrachteten (Opfergruppen).

Tabelle 6. Überblick zur Personenkonstellation im Material zum Diskursstrang Köln

Symbolische Figuren	**Feindbilder**	**Opfer und Sympathiefiguren**
Personengruppen	Die Täter (Flüchtlinge) Politiker*innen Muslime	Frauen Deutsche Bevölkerung Deutsche Männer

9.2.2 Die Personenkonstellation – Feindbilder und Opfergruppen

A. Feindbilder

A.1 Täter

Die Gruppe der Täter wird im Material eindeutig am negativsten dargestellt. In ihrer Beschreibung ist zunächst augenfällig, dass sie ausschließlich als kulturelles Kollektiv mit gemeinsamer Herkunft auftauchen. Dies zeigt sich in Formulierungen wie „junge muslimische Zuwanderer aus Nordafrika und Arabien“ (JF 09) oder „arabische und nordafrikanische Männer“ (JF 07). Gleichzeitig wird ihr Flüchtlingsstatus angezweifelt – sie „sind weder verfolgt noch stammen [sie, Anm. C.F.] aus Kriegsgebieten“ (JF 01). Sie sind

„keine Flüchtlinge, sondern bekannte Kriminelle“ (JF 03). Zuschreibungen wie „Horde“ (JF 05) oder „Rudel“ (JF 01) verstärken noch den Eindruck einer homogenen Masse, eines „enthemmten und alkoholisierten Mobs“ (JF 18). Wenn Personen ausschließlich im Hinblick auf ihre vermeintliche oder tatsächliche Zugehörigkeit zu einer spezifischen Gemeinschaft erwähnt werden, treten dabei spezifische Merkmale oder Motivationslagen in den Hintergrund. So ist dann etwa intuitiv nicht mehr vorstellbar, dass sich die beschriebene Gruppe aus Tätern, Mitläufern und zufällig Anwesenden zusammengesetzt haben könnte. Im vorliegenden Fall werden die Einzelnen ausschließlich über ihre angebliche Ethnizität definiert und dabei über eventuelle Differenzen hinweg kollektiviert. Ähnlich wirken auch die Bezeichnungen „Rudel“ und „Horde“, welche die Täter darüber hinaus in die Nähe des Tierreiches rücken und damit enthumanisieren. Dieser animalische Eindruck entsteht auch, wenn die Täter sich „zusammenrotteten, um Frauen gemeinschaftlich zu belästigen“ (JF 12), „Frauen wie Freiwild behandeln“ (JF 01) oder „über Hilfeschreie und Tränen lachten“ (JF 12). Aggressives und frauenverachtendes Verhalten erscheint so als Ausdruck ihrer inneren Natur, vielleicht sogar als Bestandteil des „orientalischen Kulturkreises“ (JF 01) selbst. Angesichts dieser Schilderungen liegt die Schlussfolgerung nahe, dass die von den Tätern verkörperten „Werte mit einer freien Gesellschaft nicht vereinbar sind“ (JF 01).

In Bezug auf die linguistische Repräsentation der Tätergruppe im Material lässt sich also vorerst festhalten, dass kulturalisierende, ethnisierende und dehumanisierende Muster im Material feststellbar sind.[65]

[65] Noch nicht identifizierte Personen können in der Berichterstattung über eine Straftat nicht zu Wort kommen. Deshalb gehe ich auf das Phänomen des backgrounding der Täter (der Abwesenheit von sprechenden Vertreter*innen einer Gruppe) und die logische Abwesenheit von quoting verbs an dieser Stelle nicht weiter ein.

A.2 Politiker*innen

Die im Material auftauchenden Vertreter*innen der Politik werden ebenfalls eindeutig negativ porträtiert. Dies zeigt sich in konkreten Bezeichnungen wie „Dampfplauderer" (JF 18) für den damaligen Innenminister von Nordrhein-Westfalen, Ralf Jäger, oder „Relativierer der Nation" (JF 12) für den Hamburger Grünen-Vize Michael Gwosdz. Aber auch in allgemeinen, abwertend gemeinten Synonymen wie „Euphoriker der Willkommenskultur" oder „Gouvernanten der Politischen Korrektheit" (beide JF 09). Den politisch Verantwortlichen wird Unfähigkeit unterstellt, sie „versagen kollektiv" (JF 01) oder sind, wie der damals amtierende Bundesinnenminister Heiko Maas, „aus dem Tritt geraten" (JF 04). Als direkt verantwortlich für die Übergriffe gilt Bundeskanzlerin Merkel, die mit ihrer Migrationspolitik den „Import ethnokultureller Konflikte steigerte" (JF 04) sowie „sich über den Rechtsstaat hinwegsetzte, um unkontrollierte Einreisen zu forcieren" (JF 07). Nach den Übergriffen der Kölner Silvesternacht scheinen die Politiker*innen „wegzusehen" (JF 01), „Fakten zu kaschieren oder auszublenden" (JF 09), oder wie Innenminister Jäger den Polizeibeamten „alle Schuld zuzuschieben" (JF 18). Sie erscheinen in den Artikeln als „Diskurswächter" (JF 04) und als „Schweigekartell" (JF 18), die in verschwörungstheoretischer Manier die Wahrheit manipulieren.

Dies drückt sich ebenfalls in der Art und Weise aus, wie die Politiker*innen indirekt, also durch zitierende Verben (quoting verbs) zu Wort kommen. Innenminister Jäger „versucht den Verdacht zu zerstreuen" (JF 02) und die Kölner Oberbürgermeisterin Reker „gibt einen umstrittenen Ratschlag" (JF 07). Andere ungenannte Politiker*innen „fabulieren" (JF 12) und „äußern markige Parolen" (JF 09), Bundeskanzlerin Merkel „droht" sogar „eine Fortsetzung der Politik der offenen Tür" (JF 01) an.

Die die einzelnen Sprechakte näher beschreibenden und interpretierenden Verben (wie fabulieren, drohen) zweifeln den Wahrheitsgehalt des Gesagten an und stellen dessen Legitimität in Frage.

A.3 Medien

Eng verknüpft mit der Darstellung der Politik*innen im Material ist die Bewertung der Rolle der als „bürgerlich" verstandenen Medien. Der etablierten Presse wird zunächst unterstellt, sie sei das „tragende Element der politisch-medialen Klasse" (JF 12), also Werkzeug der bereits kritisierten Politiker*innen. In diesem Sinne fungieren die „Links-Medien" in der Flüchtlingspolitik als eine Art „Willkommensrundfunk" (beide JF 08). In Reaktion auf die Kölner Übergriffe seien sie zunächst „sprachlos" (JF 10) gewesen und hätten dann damit begonnen, die „Ausländergewalt umzudeuten" (JF 08), die „Gewaltexzesse mit kargen Notizen abzutun" und „durch Weglassen zu lügen" (beide JF 01). Dieser Eindruck entsteht dann, wenn der *Spiegel*-Kolumnist und Herausgeber der Wochenzeitung *der Freitag*, Jakob Augstein, beschrieben wird. Dieser „kommentiert verächtlich" die Ereignisse (JF 12), „ermahnt" später und „gibt für sein Umfeld Devisen aus" (beide JF 10), während er „versucht zu verharmlosen" (JF 08). Zusammenfassend lässt sich sagen, dass „die Medien" in den Artikeln als Teil des politischen „Schweigekartells" (JF 18) dargestellt werden, während die *Junge Freiheit* in Abgrenzung dazu als ausschließlich der Wahrheit verpflichtetes Blatt erscheint.

Wie eindimensional die Zuschreibungen und Benennungen sind, die diesen Eindruck hervorbringen, ist vor allem im Kontrast zu der Beschreibung jener Personengruppen erkennbar, über die in den Texten verständnisvoll und einfühlsam berichtet wird.

B. Opfergruppen und Sympathiefiguren[66]

B.1 Frauen

Eindeutig Partei ergreifen die Artikel für die Frauen, welche in der Kölner Silvesternacht Opfer von Diebstählen und Übergriffen

[66] Das Material legt es nahe, an dieser Stelle ebenfalls die Opferrolle der Polizei in den Artikeln zu analysieren. Darauf verzichte ich jedoch, um den Fokus eng zu halten.

wurden. Das Leid der „Betroffenen“ (JF 02) wird intensiv geschildert. Sie wurden „eingekreist“ (JF 07), „eingepfercht“ (JF 01), „belästigt“ (JF 05), „vergewaltigt“ (JF 01), „mussten sich gegen mehrere Täter gleichzeitig wehren“ (JF 05) und wurden anschließend „hilflos zurückgelassen“ (JF 18). Innerhalb der Texte tauchen Frauen ebenfalls als Augenzeuginnen auf, allerdings meist in anonymisierter Form als „Opfer“ oder einfach „Frau“ (vgl. JF 02 und JF 05). Dabei bleiben die zitierenden Verben neutral beschreibend (schildern, berichten), was die Glaubwürdigkeit der Schilderungen erhöht. Einmal „erinnert“ jedoch auch eine Person namens Meike ihre Erlebnisse. Ihre Äußerungen enthalten das interessante Zitat:

> „Das war ein Spießrutenlaufen […] Die Bahnhofshalle war vollkommen überfüllt. Überall waren Ausländer aus dem arabischen Raum, die uns Frauen lüstern anstarrten. Gott sei Dank hatten wir unsere Männer dabei, sonst hätten sie uns wohl auch betatscht.“ (JF 07)

Es verweist auf das zweite charakteristische Element in der Darstellung der Frauen – ihre Schutzbedürftigkeit. Sie „suchten Schutz bei Männern in Uniform und Türstehern“ (JF 04) und „flohen in Panik zu Türstehern“ (JF 02) (auf den Türsteher als beschützende Figur gehe ich später noch ein). Trotz des exemplarischen Berichtes von Meike liegt in den Texten eine Form des backgroundings der Frauen vor. Über sie wird gesprochen, ihre Erlebnisse werden im Passiv erzählt (wurden gejagt, wurden begrapscht), aber sie selbst kommen kaum zu Wort und können dementsprechend auch keine Äußerungen tätigen, die dem weiblichen Opfer-Bild oder dem rassistischen Narrativ widersprechen würden (wie beispielsweise die fiktiven Aussagen „ich habe den Angreifer abgewehrt“ oder „diese Belästigungen erlebe ich auch beim Kölner Karneval“).

B.2 Die Bevölkerung und die deutschen Männer

Als weitere indirekt von den Übergriffen betroffene Gruppe taucht die Bevölkerung auf, die „verunsichert“ und um „ihre eigene

Sicherheit besorgt“ (beide JF 21) ist. Im Porträt der Texte sind die BürgerInnen „empört von der Politik“ (JF 09), da sie „den Preis für politisches Versagen bezahlen“ sowie auf „Freiheiten und den gewohnten Lebensstil verzichten“ (beide JF 01) müssen. Da liegt es nahe, dass die Menschen „misstrauisch gegenüber Politik und Medien“ (JF 07) werden, und „sich nichts mehr vormachen lassen“ (JF 10). Besonders drastisch zeichnen die Artikel die vermeintliche Notlage des deutschen Mannes. Dieser ist „verschüchtert, geistig entmannt“, „weder mental noch zahlenmäßig verteidigungsbereit“ und läuft Gefahr, von den Tätern der Silvesternacht „majorisiert“ zu werden (alle JF 01). Gleichzeitig wird er von Feminist*innen angegriffen, die ihm im Zuge der Diskussion über sexuelle Übergriffe „unter Generalverdacht stellten“, „rape culture vorwerfen“ und zum „neuen Schuldigen“ machen wollen, während er doch „Frauen auf Augenhöhe und mit Respekt behandelt“ (alle JF 12). Direkt in den Artikeln zur Sprache kommen weder Vertreter der Bevölkerung noch der deutschen Männer, dennoch hat das backgrounding in diesem Fall meiner Ansicht nach keinen eindeutig repressiven Effekt. Formulierungen wie „die Debatte am Esstisch kann nicht mehr länger ignoriert werden“ (JF 09) oder „das Publikum denkt sich seinen Teil“ (JF 08) erwecken vielmehr den Eindruck einer höchst präsenten Mehrheit, die nicht mehr lange schweigen wird. Wie auch bei der Schilderung der deutschen Männer wecken diese Formulierungen Empathie und Verständnis.

9.2.3 Fallacies und Topoi

Die Übersichtstabelle enthält die argumentativen Verknüpfungen, welche ich in der Analyse des Materials zum Diskursstrang Köln identifizieren konnte. Meiner Ansicht nach lassen sich diese nach spezifischen thematischen Motiven unterscheiden, welche jeweils im Zusammenspiel aus einzelnen Trugschlüssen und Topoi entstehen.

Tabelle 7. Übersicht zu Topoi und Fallacies im Material zum Diskursstrang Köln

Argumentative Verknüpfungen	**Fallacies**	**Topoi**
A. Motiv der Polarität zwischen Tätern und Deutschen	Verallgemeinernde Behauptungen Ablenkende Verteidigungen	Topos der Kultur Topos der Zahlen Topos der Zeitenwende
B. Motiv der geschwächten deutschen Männer	Trugschluss der unangebrachten Empathie straw man fallacy	Topos der Bedrohung Topos des entmannten Deutschen

A. Motiv der Polarität zwischen Tätern und Deutschen

Die von mir ausgewählten Fundstellen verstärken den bereits durch die Zuschreibungen und Benennungen entstandenen Eindruck eines dualistischen Gegensatzes zwischen den Tätern der Kölner Silvesternacht und der deutschen Bevölkerung sowie den deutschen Männern im Besonderen. Eine wichtige Rolle für die Erzeugung dieses Kontrastes spielt dabei der Trugschluss der verallgemeinernden Behauptung (secundum quid[67]). Er generalisiert einen einzelnen, nicht repräsentativen Sachverhalt und leitet daraus implizit weitreichende Schlussfolgerungen ab. Aus Perspektive der Diskursethik von van Eemeren und Grottendorst verstößt er damit gegen die Diskussionsregel Nr. 7, indem er einen Standpunkt durch ein nicht plau-

[67] Die Bezeichnungen in Klammern sind die lateinischen Namen der Argumentationsfehler, unter denen sie in der philosophischen und sprachwissenschaftlichen Literatur zu finden sind (vgl. Reisigl und Wodak 2001: 71ff.).

sibles Argumentationsmuster zu rechtfertigen sucht (vgl. Unterkapitel 9.1.2). Beispielhaft für diese Verallgemeinerung stehen die beiden folgenden Zitate:

> „*Daß sich Hunderte junge Männer zusammenrotten, um gemeinschaftlich Frauen sexuell zu belästigen, kannten wir bisher nur vom Tahrir-Platz in Kairo. Für Deutschland ist das eine neue Qualität.*" (JF 03)

> „*Vor anderthalb Jahren sorgten die Vorfälle auf dem Kairoer Tahrir-Platz, wo westliche Reporterinnen und Touristinnen, aber auch demonstrierende Ägypterinnen Opfer von Gruppenmißbrauch wurden, kurz für Schlagzeilen. Jetzt ist der Tahrir-Platz am Kölner Dom angekommen.*" (JF 01)

Beide Ausschnitte erwähnen die sexuellen Übergriffe auf demonstrierende Frauen auf dem Tahrir-Platz in Kairo[68] und suggerieren, diese Form sexueller Gewalt sei in Deutschland und am Kölner Dom „angekommen". Damit setzen sie die politisch organisierten und zwischen 2011 und 2013 beständig wiederholten Angriffe in Kairo mit dem Einzelfall[69] der Kölner Silvesternacht gleich. Dieser Vergleich ist offensichtlich nicht haltbar. Der Trugschluss der verallgemeinernden Behauptung funktioniert aber auch, weil sich der

---

[68] Während und nach der Absetzung des ägyptischen Präsidenten Mubarak 2011 war der Tahrir Platz in Kairo ein wichtiger Versammlungsort der Opposition. Veranstaltungen und Demonstrationen, an denen mehrheitlich Frauen teilnahmen, wurden mehrfach von zivilen Anhängern des Mubarak-Regimes und der Polizei angegriffen. Die Angreifer setzten sexuelle Gewalt gezielt als ein Mittel der Einschüchterung und Repression ein. Auch die nach dem Rücktritt Mubaraks etablierten Militärregierungen organisierten systematisch sexuelle Übergriffe auf demonstrierende Frauen. Diese Vorfälle erregten große internationale Aufmerksamkeit.

[69] Die Bezeichnung „Einzelfall" darf nicht ignorieren, dass es in der Silvesternacht 2015/16 auch in Hamburg, Bielefeld, Stuttgart und Nürnberg zu vereinzelten Übergriffen kam. Dennoch ist es meiner Ansicht nach gerechtfertigt, im Vergleich zu den organisierten und andauernden Angriffen in Ägypten von einem singulären Ereignis zu sprechen.

Tahrir-Platz in den Texten quasi verselbstständigt: er steht symbolisch für den Gruppenmissbrauch von Frauen, ohne dass die konkreten zeitlichen und politischen Rahmenbedingungen noch eine Rolle spielen oder überprüft werden müssten. So ist es dann auch irrelevant, dass die Kölner Polizei keine Tatbeteiligung von aus Ägypten stammenden Männern an den Übergriffen feststellte (vgl. Unterkapitel 2.2). Der Tahrir-Platz löst sich in den Zitaten von seiner geographischen Gebundenheit und symbolisiert den gesamten arabischen und nordafrikanischen Raum. Als Metapher bereitet er weitere verallgemeinernde Aussagen wie diese vor:

> *„Neu mag die Dimension in unseren Breiten sein. In den Herkunftsländern der Täter ist die Haltung, Frauen, die nicht der strengverschleierten Norm entsprechen und ohne männlichen Clanschutz unterwegs sind, wie Freiwild zu behandeln, an der Tagesordnung.“* (JF 01)

Hier müssen die Herkunftsländer überhaupt nicht mehr explizit aufgeführt und differenziert werden. Die „strengverschleierte Norm“ verweist bereits zur Genüge auf den imaginierten Raum und bedient in diesem Zusammenhang das ethnopluralistische Klischee wonach Länder mit muslimischer Mehrheitsbevölkerung ein fremder und homogener Kulturraum seien, in dem Frauen ausnahmslos Gefahr liefen, von Männern außerhalb des eigenen „Clans“ als „Freiwild“ behandelt zu werden. Die Bezeichnung „Clan“ ruft dabei das Bild archaischer, bedrohlicher Männerbünde auf, die so in der deutschen Gesellschaft bisher nicht anzutreffen seien. Der appellative Charakter zeigt sich in diesen Beispielen eher zwischen den Zeilen. Obwohl die Schlussfolgerung, etwas gegen diese als neuartig gekennzeichneten Bedrohungen zu unternehmen, nicht explizit ausformuliert wird, steht sie doch im Raum.

Ähnlich verhält es sich bei den Beispielen für den Topos der Kultur. Er behauptet, dass die individuelle Kultur einer sozialen Gruppe spezifische Probleme mit sich bringt, weshalb Maßnahmen gegen diesen Personenzusammenhang einzuleiten seien. Beispielhaft dafür steht diese Aussage:

> „*Voraus ging die von Angela Merkel Anfang September 2015 verfügte Grenzöffnung, die massenhaft junge Männer aus fremden Kulturkreisen nach Deutschland geführt und so den beträchtlichen Import ethnokultureller Konflikte weiter gesteigert hat.*“ (JF 04)

Hier wird erneut das ethnopluralistische Klischee „fremder Kulturen“ bedient, die spezifische Konfliktpotentiale mit sich bringen würden und deren Angehörige zwangsweise untereinander und mit der deutschen Bevölkerung in Auseinandersetzungen gerieten. Das erneute „Grenzöffnungen“ oder eine liberale Asylpolitik nicht wünschenswert sind, wird dabei implizit transportiert, da sie für eine Zunahme innermigrantischer Konflikte auf deutschem Boden gesorgt habe.

Ebenfalls an der Konstruktion des Gegensatzes zwischen den Tätern der Silvesternacht und der deutschen Bevölkerung beteiligt ist der Trugschluss der ablenkenden Verteidigung (ignoratio elenchi). Er „belegt“ scheinbar ein Argument, in dem er eine nicht zur Debatte stehende Behauptung widerlegt und verstößt somit gegen die Diskussionregel Nr. 3. Sie fordert, dass sich Widerlegungsversuche auf tatsächlich geäußerte Standpunkte beziehen müssen. Exemplarisch dafür ist dieser Ausschnitt:

> „*Sexueller Mißbrauch muß entschieden bekämpft werden. Aber bitte: Nicht Rainer Brüderle ist das Problem der Frauen. Dann schon eher diejenigen Männer, die Frauen für etwas Minderwertiges halten. Schauen Sie ins Internet, da gibt es Filme, wo ein Imam erklärt, wie man seine Ehefrau richtig schlägt, wenn sie nicht so will, wie ihr Mann das wünscht. Darüber sollten wir einmal eine öffentliche Diskussion führen.*“ (JF 03)

Hier verteidigt die Autorin Kelle in einem Interview Rainer Brüderle[70], ohne dass dieser explizit angegriffen worden war.[71] Nach dieser Verteidigung legt das Zitat nahe, welche gewaltbereiten Männer das eigentliche „Problem der Frauen" seien. Diese Gruppe wird sprachlich mit einem Imam verbunden, was eindeutig auf Männer muslimischen Glaubens verweist, ohne dass es direkt ausgeführt werden muss. Ähnlich funktioniert auch das folgende Zitat aus demselben Interview:

> *„Jeder Täter ist widerwärtig. Doch bei weitem nicht jeder Mann ist ein potentieller Täter. Und wenn wir mit manchen Männern aus bestimmten kulturellen Hintergründen mehr Probleme haben als mit anderen, dann müssen die Fakten auf den Tisch. Es sind ja nicht „alle" Männer so. Wir haben es in Deutschland zu einer weit verbreiteten Gleichberechtigung von Mann und Frau gebracht. In der Regel begegnen sich Frauen und Männer in unserem Land auf Augenhöhe und mit Respekt."* (JF 03).

Hier wird zunächst der Vorwurf widerlegt, jeder Mann sei ein potentieller Täter, ohne dass er explizit im Diskurs vorgebracht[72] worden wäre. Danach folgt die idealtypische Konstruktion des Kontrastes: Deutsche Männer behandeln Frauen mit Respekt, Männer mit „anderen kulturellen Hintergründen" verursachen Probleme. Zwei rhetorische Vorstellungsbilder schärfen den Kontrast noch.

---

[70] Der FDP-Politiker Rainer Brüderle war Anfang 2013 in die Kritik geraten, nachdem die Stern-Journalistin Laura Himmelreich ihm vorwarf, sie bei einem gemeinsamen Gespräch durch anzügliche Bemerkungen sexuell belästigt zu haben. Daraufhin entspann sich eine Debatte über den alltäglichen Sexismus in der Politik. Die Junge-Freiheit-Autorin Birgit Kelle bezog in ihrem Buch „Dann mach doch die Bluse zu" zu dieser Diskussion Stellung (vgl. Kelle 2013).

[71] Die Frage war: „Ist das [die Kölner Übergriffe] vielleicht einfach ein Fall von betrunkenen Männern, die sich falsch verhalten haben? Auch einheimische Männer treffen schlechte Entscheidungen, wenn sie betrunken sind."

[72] Dieses Argument wurde zwar insbesondere von feministischer Seite in der Debatte um die Übergriffe in Köln vorgebracht, ging jedoch nicht in den Mainstreamdiskurs ein. Deshalb behandle ich es an dieser Stelle als nicht im engeren Sinne zur Debatte gehörend, obwohl ich es persönlich relevant finde.

Der Topos der Zahlen führt unüberprüfbare Zahlen an, um das Bedrohungsgefühl zu verstärken und so eine Korrektur der Migrationspolitik zu fordern:

> „*Wenn junge Männer aus dem orientalischen Kulturkreis zu Hunderttausenden, ja Millionen ins Land strömen, ohne ihre Einstellungen abzulegen, die mit einer freien Gesellschaft nicht vereinbar sind.*" (JF 01).

Zu diesem Zweck greift er auch auf das aus neurechten Debatten bekannte Motiv der „Strömung" oder „Flut" zurück (vgl. Unterkapitel 2.1), um der Migrationsbewegung den Charakter einer unaufhaltbaren Naturkatastrophe zu verleihen. Maximal zugespitzt findet sich das Moment der Bedrohung zusätzlich im Topos der Zeitenwende, für den exemplarisch dieser Ausschnitt steht:

> „*Die Silvesternacht 2015 war mehr als eine Jahreswende. Sie war auch und ist eine Zeitenwende. Wann immer künftig in diesem unserem Lande über Asyl oder Zuwanderung diskutiert wird, gibt es ein Davor und ein Danach: vor Köln und nach Köln. Und Köln ist nicht (mehr) bloß eine Orts-, Köln ist seitdem auch eine Zeitangabe, untrennbar verknüpft mit den massenhaften sexuellen Übergriffen junger muslimischer Zuwanderer aus Nordafrika und Arabien auf Frauen.*" (JF 09).

An anderer Stelle auch als „Menetekel" (JF 01) bezeichnet, erscheinen die Ereignisse der Kölner Silvesternacht hier sprichwörtlich als Schrift an der Wand, die das Ende einer Zivilisation anzukündigen scheint. Stärker kann der implizierte Appell an einen Politikwechsel kaum sein. Als Ursachen dieses Niedergangs werden die patriarchale Mentalität und die aggressive Haltung der „muslimischen Zuwanderer" ausgemacht, die im unversöhnlichen Kontrast zur Mentalität der deutschen Bevölkerung stehen. Die Frage, warum keine entschlossene Gegenwehr zu beobachten ist, wird im Material ebenfalls beantwortet: Weil der deutsche Mann verkannt und geschwächt[73] sei.

B. Motiv der geschwächten Männer

Für den Eindruck der widerstandslosen Männer ist erneut der Topos der Bedrohung verantwortlich. Er zeigt sich in Formulierungen wie der folgenden:

> „*Wenn sie* [muslimische Zuwanderer C.F.] *die dünne Kohorte der einheimischen Gleichaltrigen majorisieren und auf verschüchterte, geistig entmannte junge Deutsche treffen, die weder mental noch zahlenmäßig verteidigungsbereit sind.*" (JF 01).

Hier entsteht das Bild einer „verweichlichten männlichen Bevölkerung", die den „heranströmenden" Zuwanderern nichts entgegenzusetzen hat, im übertragenen Sinne also der Naturkatastrophe hilflos ausgeliefert ist. Diese Fundstelle rechtfertigt es meiner Ansicht nach sogar, den „Topos des entmannten Deutschen" als eine themenspezifische Variation des allgemeinen Topos der Bedrohung zu identifizieren. Ich sehe ihn auch im ersten Teil des folgenden Ausschnitts am Werk:

> *„Auch ihre „Willkommenskultur" war nie etwas anderes als die Ästhetisierung ihrer Schwäche. Als Schwächesymptom haben die Migranten sie instinktiv erfaßt, und seit der Silvesternacht in Köln ist klar, daß sie sie nach ihrem Gusto zu definieren gedenken. Die Frauen und Mädchen suchten Schutz indes bei keinen sexuell Vielfältigen, sondern bei – eingeschränkt wehrhaften – Männern in Uniform und sogar bei Türstehern, die der Inbegriff des zupackenden Machos sind.*" (JF 04).

Der Topos der Bedrohung funktioniert, indem er eine Gefahr benennt, diese nicht empirisch belegt, sondern stattdessen zu einer

[73] Die Frage, woher diese Schwäche rührt, diskutiere ich an anderer Stelle im Material zum Diskursstrang Bildungsplan (vgl. Unterkapitel 9.3.3).

impliziten Abwehrmaßnahme auffordert. In ähnlicher Weise ist dem Topos des „entmannten Deutschen“ nicht nur ein Feindbild (das des männlichen Migranten), sondern sogar eine positive männliche Bezugsperson eigen, die einen Gegenentwurf männlicher Identität in Abgrenzung zu den schwächlichen „sexuell Vielfältigen“ anbietet. In dem eben angeführten Zitat ist es der Türsteher[74], der den verängstigten Frauen als „Inbegriff des zupackenden Machos“ Zuflucht bietet. Auch an anderer Stelle wird er als positiv besetzte Männerfigur eingeführt:

> „'*Die* [Flüchtlinge C.F.] *kommen aus Ländern, in denen man mit Menschen nicht so easy umgeht wie bei uns. Mit Love and Peace bewirkst du bei denen nichts, da giltst du dann als Weichei', erklärt der Türsteher einer Rotlicht-Bar der jungen freiheit. Sein Rezept: ,Gar nicht erst reinlassen in die Bude. Und wenn die doch drin sind und Faxen machen nicht lang diskutieren. Dann fliegen sie entweder raus, oder es gibt was zwischen die Augen.'*“ (JF 07).

In diesen Textausschnitten erscheint die Figur des Türstehers als selbstbewusster und wehrhafter Retter inmitten einer Welt von eingeschüchterten Männern. Insofern liegt dem Topos des „entmannten Deutschen“ die implizite Aufforderung inne, sich zukünftig erneut verstärkt auf „männliche“ Werte zu besinnen und diese in die Öffentlichkeit zu tragen. Hier erscheint ein traditionelles, soldatisch geprägtes Ideal von Männlichkeit erstrebenswert, welches alles „Schwächliche“ und „Weichliche“ von sich weist. Dieses Idealbild ist tief in extrem rechte und auch konservative Debatten eingeschrieben und bleibt unabhängig vom historischen Kontext latent aktuell.[75]

---

[74] Meines Wissens nach wurde bislang nicht untersucht, inwieweit sich unter den erwähnten Türstehern auch Personen mit Migrationshintergrund befanden. Eine solche weiterführende Analyse könnte Aufschluss darüber geben, wie widersprüchlich die Konstruktion dieser Männerfigur ist.

[75] Der Literaturwissenschaftler und Kulturtheoretiker Klaus Theweleit etwa arbeitete eine ähnliche Projektion bereits in seiner Analyse rechter Freikorpsliteratur in der Zwischenkriegszeit heraus (vgl. Theweleit 1980.)

Gleichzeitig ist es nicht immer mit dem gegenwärtigen Zeitgeist vereinbar. Diese Feststellung wird auch im Material getroffen. Die Artikel bieten eine Erklärung an, warum eine Rückkehr zu eben jener Leitfigur derzeit schwierig ist: Männlichkeit werde in Deutschland systematisch verkannt. Diesen Eindruck ruft der Trugschluss der unangebrachten Empathie (argumentum ad misericordiam) hervor, indem er diesen vermeintlichen Missstand anprangert, ohne ein relevantes Argument anzuführen. Stattdessen wird Mitleid eingefordert. Damit verstößt er gegen Diskussionsregel Nr. 4, die besagt, dass nur tatsächliche Argumente zur Unterstützung eines Standpunktes vorgebracht werden dürfen. Sichtbar ist der Trugschluss in Fundstellen wie dieser:

> „*Da sich Fakten aber so schlecht wegreden lassen, wird der Kontext verändert. Köln ist nun überall, und es gibt einen neuen Schuldigen für die Kölner Horrornacht: den deutschen weißen Mann. [...] Dort* [in der Debatte C.F.] *werden politisch korrekt ausnahmslos alle Männer unter Generalverdacht gestellt und nicht nur Männer mit Migrationshintergrund. Ein enormer Fortschritt für die Menschheit.*“ (JF 12).

Der Ausschnitt suggeriert, dass die Mediendebatte nach den Kölner Übergriffen ungerechtfertigter Weise alle „deutschen weißen Männer“ zu „Schuldigen“ machen wollte, obwohl doch eigentlich klar sei, wer „unter Generalverdacht gestellt“ werden müsse: ausschließlich Männer mit Migrationshintergrund. Insofern wird deutlich, wie schwierig es angeblich ist, sich selbstbewusst zu seiner Männlichkeit zu bekennen, ohne sofort verleumdenden Angriffen ausgesetzt zu sein. Diese Behauptung wird noch durch den Trugschluss der straw man fallacy unterstützt, bei dem der Standpunkt des jeweiligen Gegners bewusst falsch interpretiert und stattdessen sprichwörtlich ein „Strohmann“ attackiert wird. Dieses Vorgehen verstößt gegen die Diskussionsregeln 3 und 5, die vorgeben, dass nur tatsächlich in der Diskussion vorgebrachte Positionen kritisiert werden dürfen. Eine solche Anschuldigung klingt beispielhaft so:

„Fassen wir zusammen: Köln hat nichts mit der Flüchtlingswelle zu tun, nichts mit Menschen mit Migrationshintergrund und um Himmelswillen nichts mit dem Islam oder seinem Frauenbild. Alle Männer sind Schweine, ganz besonders der weiße deutsche Mann. Nicht nur die Männer sind Rassisten, sondern auch manche Frauen." (JF 12).

Der Trugschluss suggeriert hier, dass in der medialen Debatte nach der Kölner Silvesternacht nicht diskutiert worden sei, inwiefern der Islam und das Frauenbild der muslimischen Zuwanderer mit den sexuellen Übergriffen zusammenhängen würden. Stattdessen sei der „deutsche weiße Mann" zum alleinigen Feindbild erklärt worden. Diese Behauptung dreht den tatsächlichen Verlauf der Debatte nahezu um und trägt so entschieden dazu bei, das Motiv des verkannten und geschmähten „deutschen Mannes" glaubhaft erscheinen zu lassen. Dabei knüpft das Motiv nahtlos an die weiter oben eingeführte Zeitdiagnose einer „Krise der Männlichkeit" an.

Wir finden sowohl die Behauptung wieder, der „deutsche Mann" sei bereits „geistig entmannt" (JF 01) oder seine Männlichkeit werde „unter Generalverdacht gestellt" (JF 12), als auch das Angebot einer Schuldzuweisung, die hier vor allem den Medien gilt, die sich politisch nicht auf einer Linie mit der *Jungen Freiheit* befinden. Gleichzeitig gilt diese Krisendiagnose mit eingeschränkter Reichweite: Der „migrantische und muslimische Mann" erscheint im Material als selbstbewusster Aggressor, der insbesondere „deutsche Frauen" bedroht und vom „deutschen Mann" aktuell nicht daran gehindert werden kann.

9.2.4 Zwischenauswertung Diskursstrang Köln

Die vorgestellten Untersuchungsergebnisse verdeutlichen, welche geschlechtspolitischen Positionen der *Jungen Freiheit* in einem Zusammenspiel aus Benennungen, Zuschreibungen und Trugschlüssen hervorgebracht und gerechtfertigt werden. Dabei sticht zunächst das Motiv des polarisierten Gegensatzes zwischen den Tätern der Kölner Silvesternacht und der deutschen Bevölkerung heraus. Bereits die in den Artikeln auftauchenden Zuschreibungen und Benennungen zeichnen das Feindbild der vermeintlich animalischen, unzivilisierten Angreifer, denen die deutsche Gesellschaft verunsichert gegenübersteht, während der „deutsche Mann" zunehmend in Bedrängnis gerät. Die Trugschlüsse der verallgemeinernden Behauptung und der ablenkenden Verteidigung scheinen diesen Kontrast durch die Verletzung rationaler Diskussionsregeln argumentativ zu belegen, ebenso wie die Topoi der Zahlen und der Zeitenwende.

Das zweite inhaltliche Motiv, den Mythos des geschwächten Mannes, stützen die Trugschlüsse der unangebrachten Empathie und der straw man fallacy, sowie der Topos der Bedrohung, wobei der Topos des entmannten Deutschen als dessen spezifische Unterform funktioniert. Jenseits dieser beiden Kernaussagen suggerieren die Artikel ebenfalls, wer die Verantwortlichen für die beschriebenen Entwicklungen zu seien scheinen. Zuschreibungen und Benennungen innerhalb der Personenkonstellation weisen einem imaginierten Konglomerat aus Politiker*innen, Medienvertreter*innen und Feminist*innen die Schuld für die Übergriffe der Silvesternacht zu – natürlich nur denjenigen, die nicht mit der *Jungen Freiheit* auf einer Linie liegen.[76]

In Hinblick auf interdiskursive Verknüpfungen ist interessant, dass die Texte mehrfach Elemente aus dem zu Beginn meiner Arbeit vorgestellten Panorama neurechter Diskurse aufgreifen. So knüpfen sie an seit Jahrzehnten in der Asyl- und Migrationsdebatte bestehende Bestrebungen an, den Flüchtlingsbegriff inhaltlich bis zur Unkenntlichkeit zu verengen und auf eine Minimaldefinition politischer Verfolgung zu reduzieren, die selbst immer noch im konkreten

[76] Diesem Phänomen hätte ich mit einer detaillierten Analyse der argumentierenden Fundstellen noch weiter nachgehen können. Aus Platzgründen habe ich darauf verzichtet.

Detail zu Diskussion steht.[77] Neben das ebenfalls altbekannte Motiv der ökonomischen Konkurrenz zwischen Flüchtlingen und Zuwanderern und der einheimischen Bevölkerung tritt in den Artikeln vehement das der sexuellen Rivalität um „deutsche Frauen". Im Licht der Kölner Übergriffe scheint es sogar die Hauptrolle einzunehmen. Aus der etwa seit 2000 in Deutschland geführten Islamdebatte greifen die Texte die Frage des Geschlechterverhältnisses im Islam heraus und bringen diese für ihre Zwecke argumentativ in Stellung, indem sie das Bild einer ausnahmslos patriarchaischen und sexistischen Religion zeichnen.[78] Im Sinne des antimuslimischen Ressentiments ebnen sie dabei alle Unterschiede zwischen den verschiedenen muslimischen Religionsgemeinschaften und den regional unterschiedlichen religiösen Praktiken ein. Darüber hinaus wird behauptet, die Bundesrepublik sei den Herkunftsländern der Migranten in Bezug auf die Frage der Frauenemanzipation meilenweit voraus[79] und dieser Umstand wird im Sinne des Femonationalismus zur Aufwertung der eigenen Position genutzt.

Im Hinblick auf meine Fragestellungen ist festzuhalten, dass die Artikel teilweise widersprüchliche geschlechtspolitische Positionen enthalten. Auf der einen Seite taucht in den Texten immer wieder das Motiv der Gleichberechtigung von Männern und Frauen auf, also das Bild von Männern, die Frauen „auf Augenhöhe und mit Respekt" (JF03) behandeln. Davon ausgehend wird dann die konsequente Bestrafung der Täter der Kölner Silvesternacht gefordert, deren Handeln mit den einheimischen Werten und Normen nicht vereinbar sei. Ihre patriarchal gezeichnete Kultur erscheint dabei im

---

[77] Dabei denke ich an die beständig geführte Diskussion um „sichere Herkunftsstaaten".

[78] An dieser Stelle muss berücksichtigt werden, dass es etwa im innermuslimischen Dialog durchaus Stimmen gibt, welche diese These ebenfalls vertreten würden (vgl. Ates 2009; Kelek 2007). Allerdings vertreten diese keine antimuslimischen Ressentiments und sie bemühen sich um eine kritische, aber konstruktive Auseinandersetzung.

[79] Diese Behauptung mag in vielen Fällen sogar zutreffen. Dennoch existieren grundsätzliche Strukturen (etwa die Bedrohung von Frauen durch von Männern ausgehende sexuelle Gewalt) über alle Unterschiede hinweg fort und relativieren diese These daher.

ethnopluralistischen Sinne als das fundamental „Andere“ und „Fremde“.

Im Widerspruch zu dieser behaupteten Gleichberechtigung ist die weitgehende Abwesenheit von weiblichen Stimmen in den Artikeln eine Form des backgrounding. Über „die Frauen“ und ihren Schutz wird weitgehend von männlichen Autoren gesprochen, sie selbst kommen aber nicht zu Wort. Des Weiteren kommt indirekt häufiger das vermeintliche Bedrohungsszenario des geschwächten und verkannten Mannes zur Sprache, was meiner Ansicht nach in Kombination mit der anklingenden Diagnose einer „Krise der Männlichkeit“ nach das Motiv der Gleichberechtigung in Frage stellt und negiert.

Die Texte suggerieren, dass es wichtig sei, sich gegen „Verweichlichung“ zu wehren und zu einer Form traditioneller Männlichkeit zurückzukehren. Nur unter diesen Umständen könnten die vielfältigen Bedrohungen, die von Zuwanderern und Flüchtlingen ausgingen, abgewehrt und „deutsche Familien“ beschützt werden. Deshalb lässt sich festhalten, dass das Eintreten für Geschlechtergerechtigkeit in den Texten auf einem verengten Emanzipationsbegriff gründet, der unter völkischen Vorzeichen gedacht ist und etwa den universalistischen Anspruch des herrschaftskritischen Feminismus strikt ablehnt. Daher ist die diskriminierende Bewertung verschiedener gesellschaftlicher Gruppen, insbesondere von Menschen muslimischen Glaubens sowie von Feminist*innen, auch Teil der ambivalenten Haltungen. Diese Diskriminierung wird semantisch dadurch abgeschwächt und scheinbar relativiert, dass im Material auch vermeintlich progressive geschlechtspolitische Positionen auftauchen. Dieses Nebeneinander widersprüchlicher Haltungen wird insbesondere durch argumentative Verknüpfungen ermöglicht, welche durch Trugschlüsse und Topoi die Ambivalenz aufzuheben scheinen.

9.3 Vorstellung der Untersuchungsergebnisse zum Diskursstrang Bildungsplan

In diesem Kapitel erörtere ich die Fundstellen im Material[80] zum Diskursstrang Bildungsplan. Wie in der ersten Hälfte der Feinanalyse beginne ich zunächst mit der Betrachtung der Zuschreibungen, die das Konzept als solches in den Artikeln bezeichnen und fahre dann mit der Untersuchung der Personenkonstellation und der argumentativen Strukturen fort.

9.3.1 Der Gegenstand im Spiegel der Debatte

Im Hinblick auf die Repräsentation des Bildungsplans und der in ihm enthaltenen geschlechtersensiblen Inhalte in den Texten lassen sich vier Tendenzen ausmachen. Zunächst ist auffällig, dass Zuschreibungen wie „antiwissenschaftlicher Hokuspokus“ (JF 25) oder „beruht auf empirisch nicht belegten Annahmen“ (JF 26) der Agenda des Bildungsplans den Anschein der Unwissenschaftlichkeit geben. Darauf aufbauend legen die als Synonym verwendeten Begriffe „Ideologie“ (JF 20), „Paradedogma“ (JF 25) und „Indoktrination“ (JF 26) den Eindruck nahe, es handle sich beim „Genderismus“ (JF 20) um eine pseudowissenschaftliche Weltsicht, der mit rationaler Kritik nicht beizukommen sei. Das Suffix „-ismus“ legt dabei absichtlich eine inhaltliche Nähe zu totalitären Weltanschauungen wie dem Faschismus oder dem Stalinismus nahe. Als vorrangiges Ziel dieser „Ideologie“ machen die Zuschreibungen ferner die „Hinterfragung ihrer sexuellen Identität durch die Grundschüler

[80] Aus der geringeren Anzahl an Artikeln zum Diskursstrang Bildungsplan ergibt sich, dass in der folgenden Darstellung mehr Fundstellen aus denselben Texten vorkommen werden. Deshalb verzichte ich beispielsweise im Unterkapitel 9.3.1 darauf, zunächst alle Fundstellen aufzuführen, welche das Konzept in den Artikel bezeichnen. Da insgesamt weniger vorhanden sind, komme ich gleich zur Diskussion der Ergebnisse.

selbst“ sowie die „Stimulierung des kindlichen Sexualtriebs“ aus, auch „Frühsexualisierung“ (alle JF 26) genannt. In der Einführung des Bildungsplans liege schließlich die Gefahr einer „Entnaturalisierung der Familie“ und der „Untergrabung einer auf tragfähige Bindungen hinauslaufenden Sexualmoral“ (beide JF 26). Kurzum, das mit dem Bildungsplan assoziierte Gender Mainstreaming sei „Propaganda zur Zerstörung der klassischen Familie“ (JF 27). Angesichts dieser diffamierenden Darstellungen überrascht es nicht weiter, dass die in den Texten erwähnten Personengruppen in einer polarisierten Konstellation zueinanderstehen.

Tabelle 8. Überblick zur Personenkonstellation im Material zum Diskursstrang Bildungsplan

Symbolische Figuren	**Feindbilder**	**Opfer und Sympathiefiguren**
Personengruppen	Gendersensible Wissenschaftler und Aktivisten	Genderkritische Wissenschaftler Familien und Kinder

9.3.2 Die Personenkonstellation

In diesem Unterkapitel stelle ich wie bisher zunächst die im Diskursstrang Bildungsplan auftauchenden Feindbilder vor und wende mich im Anschluss den Opfern und Sympathiefiguren zu.

A. Feindbilder

A.1 Gendersensible WissenschaftlerInnen und Aktivisten

Wissenschaftler*innen, die sich positiv auf geschlechterreflektierende Unterrichtsinhalte beziehen, und Bürger*innen, die für die Einführung des Bildungsplans auf die Straße gehen, verschmelzen im Licht der Zuschreibungen in den Artikeln zu einem homogenen Block. Beiden Fraktionen kommt dabei eine scheinbar eindeutige politische Aufgabe zu. Ziel der Akademiker*innen sei es demnach, „der Ideologie den Anschein von Wissenschaftlichkeit" (JF 15) zu geben und „großen Einfluss auf die Bildungspolitik" (JF 26) zu nehmen. Die Philosophin Judith Butler erscheint dabei explizit als „Ideologin" (JF 20), die andere gleichgesinnte „Wissenschaftsfeinde" (JF 25) dazu motiviere, sich „sprachpolizeiliche Leitfäden auszudenken" (JF 15). Diese Zuschreibungen sind als Strategie der De-Professionalisierung zu verstehen, welche den genannten Wissenschaftler*innen ihre fachliche Qualifikation abzusprechen sucht, indem diese als unwissenschaftlich und repressiv dargestellt werden.

Diejenigen Personen, die sich für Geschlechtergleichheit im Alltag einsetzen, werden als „Gender-Aktivisten", „linksextreme Störer" (beide JF 20) und „linksextreme Gewalttäter" (JF 29) bezeichnet. Die Formulierung „Aktivist" beschreibt sie dabei als angebliches Fußvolk des vermeintlichen „Genderismus", während das Adjektiv „linksextrem" eine politische Bewertung dieser Rolle vornimmt und die engagierten Personen in einem der *Jungen Freiheit* entgegengestellten politischen Lager verortet. An diese Darstellungen schließen Benennungen an, welche aus den den Bildungsplan unterstützende Gruppen die vermeintliche „Homo-Lobby" und die „einflussreichen Christopher-Street-Day-Organisationen" (beide JF 20) herausgreifen und somit homophobe Ressentiments mobilisieren.

B. Opfergruppen und Sympathiefiguren

B.1 Genderkritische WissenschaftlerInnen

Als legitime KritikerInnen des die Einführung des Bildungsplans befürwortenden Lagers erscheinen AkademikerInnen, die geschlechtersensible Pädagogik ablehnen. Im Kontrast zum eben skizzierten Feindbild heben die Zuschreibungen die Qualifikationen dieser Wissenschaftler*innen ausgiebig hervor. Die Personen erscheinen als „Präsident der Deutschen Gesellschaft für Sozialwissenschaftliche Sexualforschung“, „Neurowissenschaftler und Psychotherapeut“ (beide JF 20) oder „Generalsekretär der Evangelischen Allianz“ (JF 29). Wenn sie in den Artikeln zu Wort kommen, unterstützen die zitierenden Verben den Eindruck von Expertise und Kompetenz noch. Die WissenschaftlerInnen „beleuchten“, „erklären“, „zeichnen nach“, „üben grundsätzliche Kritik“ oder „resümieren“ (alle JF 20). Im Gegensatz zum eben betrachteten Feindbild liegt hier eine professionalisierende und qualifizierende Strategie vor. Darüber hinaus relativieren und rechtfertigen die Zuschreibungen das politische Anliegen der genannten Personen. Diese stellten weder „den Schutz von Minderheiten in Frage“ noch „Erzieher unter Generalverdacht“ (beide JF 26). Vielmehr wollten sie „auf ideologische Weichenstellungen aufmerksam machen“ und „der Ideologie wissenschaftliche Fakten entgegensetzen“ (beide JF 26). All dies im Interesse der Menschen, die angeblich von geschlechtersensibler Pädagogik bedroht sind.

B.2 In Gefahr: Familien und Kinder

Als durch die Einführung des Bildungsplans verunsicherte Gruppen erscheinen „Tausende Eltern, Großeltern und komplette Familien“. Diese würden „erwarten, dass Bildungseinrichtungen ihre Erziehungsziele unterstützen“ und stellten nun „entsetzt fest, dass die Schule nicht mehr ihr Verbündeter in Erziehungsfragen ist“ (alle JF 26). Als Hauptleidtragende werden allerdings Kinder und Jugendliche stilisiert: Diese müssten im Unterricht „einen Puff errichten und sich zu ihrer Sexualität erklären“. Dabei würden sie „in ihrer Identitätsfindungsphase gezielt verunsichert“. Dabei wünschten sich Jugendliche nicht nur „tollen Sex als Lebenssinn, sondern Geborgenheit, Liebe und Vertrauen in einer tragfähigen Beziehung und eine Kernfamilie mit eigenen Kindern“ (alle JF 26). Wie schon beim Porträt der besorgten Bevölkerung im Diskursstrang Köln verstärkt das Fehlen von tatsächlichen Sprecher*innen für Familien und Kinder in den Texten den Eindruck, alle Menschen teilten dieselben Besorgnisse. Aus dieser Perspektive erscheint es nahezu unnötig, eine Person stellvertretend zu zitieren. Gleichzeitig kommt der Gedanke an Gegenstimmen, die den Unterrichtsschwerpunkt „Sexuelle Vielfalt“ loben oder das als unhinterfragbar präsentierte Modell der heterosexuellen Kleinfamilie ablehnen könnten, nicht auf (backgrounding).

9.3.3 Fallacies und Topoi II

Nach der Vorstellung der Personenkonstellation widme ich mich jetzt den argumentativen Verknüpfungen im Material zum Diskursstrang Bildungsplan. Auch hier beschränke ich mich auf die Diskussion geschlechtsspezifischer Argumentationsmuster. Die Tabelle gibt einen ersten Überblick über die ermittelten Strukturen im Material, welche ich im Folgenden separat vorstelle.

Tabelle 9. Überblick zu argumentativen Strukturen im Material zum Diskursstrang Bildungsplan

Argumentative Verknüpfungen	**Fallacies**	**Topoi**
Motiv des GM als bedrohliche Verschwörung	Trugschluss der Ambivalenz straw man fallacy	Topos der Gerechtigkeit Topos der Finanzen
Motiv der umgekehrten Diskriminierung	Trugschluss der unangebrachten Empathie	Topos der Zahlen
Motiv der verratenen Bevölkerung und der bedrohten Kinder	Trugschluss des Volksempfindens	Topos des bedrohten Kindes

A. Das Motiv des Gender Mainstreaming als bedrohliche Verschwörung

In der Tradition neurechter Diskurse (vgl. Kapitel 2.3) wird geschlechtersensible Pädagogik und die Idee des Gender Mainstreamings im Allgemeinen auch im Untersuchungsmaterial als Verschwörung beschrieben. Zu diesem Eindruck trägt zunächst der Trugschluss der Ambivalenz (fallacies in dictione) bei. Er verändert durch bewusst eingesetzte Unschärfe die Bedeutung eines zu diskutierenden Phänomens oder Konzeptes, um es im Anschluss kritisieren zu können und verstößt so gegen die Diskussionsregel Nr. 10. Diese fordert eine genaue und eindeutige Argumentation bei angemessener Würdigung des gegnerischen Standpunkts. Beispiele für diesen Trugschluss sind die beiden folgenden Zitate:

> *„Bonelli plädierte [...] für Zivilcourage: Man müsse laut widersprechen, um die opportunistischen 'Mitläufer' des Genderismus zu verunsichern; die seien das Problem, 'Hardcore-Durchgeknallte' gebe es nur sehr wenige.“* (JF 20).

> *„Angesichts tatsächlicher Probleme der Menschheit, wie der Umweltzerstörung oder der afrikanischen Bevölkerungsexplosion, sei es daher unverantwortlich, wenn eine ohnehin vielfach mit den Realitäten kollidierende Politik ihre Handlungen an Wissenschaftsfeinden wie den Gender-Ideologen orientiere.“* (JF 25).

Im ersten Ausschnitt erscheint das Gender-Konzept als politische Ideologie. Der Begriff „Zivilcourage“ erweckt den Eindruck, es sei legitim, ja nahezu politisch geboten, gegen das als Bedrohung empfundene Konstrukt Widerstand zu leisten. Auch deshalb, weil es scheinbar nur von wenigen „Hardcore-Durchgeknallten“ wirklich vertreten werde, während der Großteil der vermeintlichen Anhänger*innen aus Mitläufern bestehe. Die Bezeichnung „Opportunisten“ suggeriert darüber hinaus, dass diese indirekt davon profitieren würden und knüpft so an die verschwörungstheoretische Vorstellung einer kleinen Elite an, die sich auf Kosten der Allgemeinheit illegal bereichert. Im zweiten Zitat funktioniert der Trugschluss über die ambivalente Verwendung des Begriffes „Probleme der Menschheit“. Indem nur zwei selektive Beispiele angeführt werden, von denen das der „afrikanischen Bevölkerungsexplosion“ bereits offen rassistische Klischees bedient, erscheint es so, als wäre die Diskriminierung von Menschen aufgrund ihrer sexuellen Identität weniger relevant, quasi nur ein Luxusproblem der „Wissenschaftsfeinde“. Daher sei es „unverantwortlich“ sich überhaupt mit Fragen der Geschlechtergerechtigkeit zu befassen, welche nur von den „wirklichen Herausforderungen“ ablenkten.

Ähnlich wirkt der schon vorgestellte Trugschluss der straw man fallacy, bei dem ein fiktives gegnerischen Argument widerlegt wird. Diesmal erscheint er in einem Kommentar über die mögliche Aufnahme von Frauen in klassische Männervereine. Auslöser der Debatte war ein Gesetzentwurf, wonach eingetragene Vereine, die bisher ausschließlich männliche Mitglieder aufnahmen (wie beispielsweise Schützenvereine), zukünftig auch für Frauen offen sein müssen, wenn sie ihre Gemeinnützigkeit behalten wollen. Die Autorin fragt:

> „*Was geht es den Staat überhaupt an, in welcher Zusammensetzung Menschen gemeinsam etwas Gutes für die Allgemeinheit tun? Zumal viele Schützen derzeit als Flüchtlingshelfer unterwegs sind und ihre Häuser als Unterkünfte zur Verfügung stellen.*“ (JF 17).

Hier wird unterstellt, der Staat greife ungerechtfertigt in die Zusammensetzung von Vereinen ein, die von sich aus nur das Beste für die Gemeinschaft im Sinne hätten, ja aktuell schon „als Flüchtlingshelfer unterwegs sind“. Dabei sind Behörden berechtigt, Kriterien aufzustellen, nach denen sie das Privileg der Gemeinnützigkeit vergeben. Somit ist die Forderung nach der Inklusion aller Geschlechter kein willkürlicher Eingriff wie vom Text suggeriert, sondern ein legitimer Akt. Das Thema der vermeintlichen Willkür von

Gleichstellungspolitiken wird in den Texten auch von verschiedenen argumentativen Figuren behandelt. So stellt der Topos der Gerechtigkeit die angebliche Gesetzwidrigkeit der Praktiken heraus und fordert implizit deren Rücknahme:

> *„Die Auswirkungen am Beispiel der 'Sprachverhunzung' zeichnete der Grazer Germanist Tomas Kubelik nach: Schüler, Verwaltungen und Studenten würden rechtswidrig gezwungen, falsches Deutsch zu gebrauchen.*" (JF 20).

In diesem Ausschnitt erscheint die Benutzung diskriminierender Sprachformen als legitimes Recht, während die Anpassung an weniger exklusive Praktiken als „rechtswidrig" bezeichnet wird. Implizite Schlussfolgerung des Zitates ist es, dieses geschlechtersensible Umdenken im Sprachgebrauch zu beenden. Das hier schon angedeutete Motiv des staatlichen Zwanges und der staatlichen Parteilichkeit verstärkt an anderer Stelle der Topos der Finanzen. Er suggeriert, dass eine staatliche Bevorzugung gesellschaftlicher Gruppen vorliege, die sich für geschlechtspolitische Reformen einsetzten.

Im Kontrast zweier Fundstellen, von denen die erste eine genderkritische Veranstaltung und die zweite die darauf bezogene Gegendemonstration thematisiert, wird die Wirkung des Topos besonders deutlich:

> *„In nur zwei Monaten habe man den Kongreß*[81] *auf die Beine gestellt, betont sie gegenüber der jungen freiheit, und das ohne einen Pfennig öffentlicher Gelder und Finanziers im Hintergrund.*"

> *„Hinter der Gegendemo stand unter anderem ein 'Bündnis Vielfalt für alle', dem 17 Organisationen von Linken und Grünen über Homo-Lobby-Gruppen bis zum steuergeldgeförderten 'Stadtjugendring' angehören.*" (beide JF 20).

---

[81] Gemeint ist das Symposium „Gender und Sozialpädagogik auf dem Prüfstand der Wissenschaften", das im Januar 2016 von dem Aktionsbündnis „Demo für Alle" organisiert wurde.

Das erste Zitat beschreibt den Kongress des Aktionsbündnisses „Demo für Alle", uneigennützig aus „Eigenmitteln" und „Spenden" finanziert (ebenfalls JF 20). Die Gegendemo des „Bündnis Vielfalt für alle" organisierten dagegen öffentliche Parteien, diverse „Homo-Lobby-Gruppen" sowie der „steuergeldgeförderte" Stadtjugendring. Im direkten Vergleich wirkt die zweite Veranstaltung staatlich finanziert und von außen gesteuert, während der Kongress allein durch den ehrenwerten Einsatz von Privatpersonen zustande kam. Dieser Kontrast verstärkt den verschwörungstheoretischen Eindruck, der Staat treibe die Verbreitung geschlechtspolitischer Reformen aktiv voran. Richtig ist, dass es derartige Reformen und öffentliche Programme gibt – allerdings werden diese nicht von einem monolithischen politischen Block von oben nach unten durchgedrückt, sondern in demokratischen Prozessen diskutiert, verabschiedet und gegebenenfalls auch revidiert. In diesem Sinne ist „der Staat" kein homogener Akteur, sondern ein Abbild politischer Kräfteverhältnisse, die durchaus widersprüchlich sein können. Da aber die Berechtigung liberaler geschlechtspolitischer Reformen bereits weiter oben grundlegend in Frage gestellt wurde, lautet die naheliegende Konklusion des Topos, alle diesbezügliche staatlichen Aktivitäten und Förderungen als vermeintliche Steuerverschwendung schleunigst zu beenden. Diese Forderung wird auch von dem schon bekannten Topos des „entmannten Deutschen" unterstützt. Besonders deutlich kommt dieser in der Besprechung eines Buches des Autors Akif Pirinçci zum Tragen, in der die *Junge Freiheit* Pirinçci paraphrasiert:

> *„Die Verschwulung steht bei der türkischstämmigen Skandalnudel für planmäßige Verweichlichung des Mannes. Ihm solle seine naturgegebene Aggressivität und sein Beschützerinstinkt für Frau und Kinder zugunsten 'weibischer Denke' aberzogen werden. [...] Diese Propaganda verzichte wohlweislich darauf, Einwanderer-'Familien' darzustellen, in denen Ali und Mohammed eine Schwulen-WG gründen. Das gäbe Ärger mit den 'richtigen Männern', die ihr Familienbild noch zu verteidigen wissen."* (JF 27).

Die bisher vorgestellte Kritik an geschlechterreflektierenden Ansätzen und Programmen wird hier um den Vorwurf der „planmäßigen Verschwulung“ ergänzt. Dieser Satz suggeriert, dass „staatliche Propaganda“ darauf abziele, Männlichkeit abzuschaffen und durch eine „verschwulte, verweichlichte Männlichkeit“ zu ersetzen. Diese Behauptung wird gleichzeitig mit der Konstruktion des schon bekannten angeblichen Gegensatzes zwischen „verweichlichten deutschen Männern“ und „selbstbewussten und wehrhaften muslimischen Zuwanderern“ verbunden. Insofern lässt sich hier ein intertextueller Bezug zwischen den beiden von mir betrachteten Diskurssträngen herstellen.

B. Das Motiv der umgekehrten Diskriminierung

Geschlechterreflektierende Programme und Ansätze werden im Material nicht nur als Verschwörung interpretiert, sondern auch mit dem Vorwurf der umgekehrten Diskriminierung in Verbindung gebracht. Dieses entwickelt die Behauptung, dass sich sexuelle Minderheiten etwa Anti-Diskriminierungspolitiken bedienen würden, um selbst andere Gruppen zu stigmatisieren. In den Artikeln taucht es exemplarisch in Verbindung mit dem Trugschluss der unangebrachten Empathie auf, der an Emotionen appelliert anstatt Argumente vorzubringen und so gegen die Diskussionsregeln Nr. 4 verstößt. Im folgenden Beispiel wird der Sozialwissenschaftler Spieker indirekt zitiert:

> *„Die 'Antidiskriminierungskampagnen' der Homo-Lobby nähmen selbst diskriminierende Formen an: Deren Versuch, 'den Unterschied zwischen der Bewertung der Homosexualität und der Diskriminierung von Menschen mit homosexueller Orientierung zu verwischen' verstoße 'gegen die vom Bundesverfassungsgericht geforderte Rücksichtnahme auf unterschiedliche Werthaltungen'.“* (JF 20).

Die Passage legt den Eindruck nahe, über Homosexualität könne nicht diskutiert werden, ohne dass dies zwangsläufig als diskriminierend verstanden werde. Die erneut auftauchende und nie spezifizierte „Homo-Lobby" bediene sich des Vorwurfs der Diskriminierung, um mögliche Kritik abzuwehren. Der bekannte Topos der Zahlen verstärkt diesen Eindruck noch:

> *„Nur drei Prozent aller Diskriminierungen sind eine Folge der sexuellen Identität der Opfer, zitieren sie die Antidiskriminierungsstelle des Bundes. Die häufigsten Ursachen für Diskriminierung sind ethnische Herkunft, Behinderung, Alter, Geschlecht und Religion. Für die Opfer dieser Formen von Diskriminierung scheint die Landesregierung trotz Inklusionsdiskurs wenig Interesse zu zeigen.*" (JF 26).

Er behauptet, dass Opfer von sexueller Diskriminierung mehr Beachtung zukäme als anderen Opfergruppen und dass sich diese vermeintliche Tendenz auch im Bildungsplan der Landesregierung von Baden-Württemberg fortsetze. Insofern kommt es in diesem diskursiven Motiv zu einer Art von Täter-Opfer-Umkehr, bei der zusätzlich verschiedene stigmatisierte Minderheiten gegeneinander ausgespielt werden. Die aufgrund ihrer Sexualität von Diskriminierung betroffenen Gruppen werden als eigentliche Übeltäter imaginiert, die ihre Lebensweise der Bevölkerung aufzwingen wollten. Aus dieser Denkfigur heraus ergibt sich das dritte Motiv, das der verratenen Bevölkerung und der im Stich gelassenen Kinder.

C. Das Motiv der verratenen Familien und bedrohten Kinder

Diesem Motiv ist ein eigener Topos eigen, der des bedrohten Kindes. Seine Hauptaussage ist, dass die Einführung des Bildungsplans Kinder bewusst Gefahren aussetze. Diese lägen vor allem in dem als „indoktrinierend" bewerteten Eingriff in die Entwicklung der kindlichen Sexualität. Er kommt in den folgenden Ausschnitten zum Ausdruck:

> „*Von Stuttgart geht das Signal aus, daß die „sexualfreundliche" Indoktrination in Kitas und Schulen eine raumgreifendere Gefahr ist als die Reichweite einzelner Aufklärungsbücher.* [...] *Von klein auf werden Kinder an das emanzipatorische Prinzip herangeführt, daß alles normal ist, solange man seine sexuelle Lust spürt und lebt. Der sexuellen Befreiung von Kindern soll keine Grenze gesetzt sein.*" (JF 26).

In der „sexuellen Befreiung von Kindern" scheint eine große Gefahr zu liegen, da diese „klassische" Geschlechterrollen aus den Augen zu verlieren drohen. Dies wird auch hier deutlich:

> „*Ganz bewußt konterkariere die sich selbst als „sexualfreundlich" klassifizierende Pädagogik zudem eine auf tragfähige Beziehungen hinauslaufende Sexualmoral.* [...] *Die frühe Überakzentuierung von Sexualität kann die Entwicklung einer paarbezogenen Sexualität und damit die Grundlage des traditionellen Familienmodells schwächen.*" (ebenfalls JF 26).

Das „emanzipatorische Prinzip" bedroht in diesen Passagen die etablierte Sexualmoral und damit die Grundlage des heteronormativen Familienmodells. Dieser Topos verdeutlicht, wie zentral die heterosexuelle Kleinfamilie als Wertgrundlage im untersuchten Diskurs ist. Als wären die angeführten Szenarien nicht schon bedrohlich genug, taucht noch ein weiteres auf: das des Kindesmissbrauchs.

> „*Kinder, die ihre ersten Lebensjahre tagsüber von ihrer Mutter, der primären Bindungsperson, getrennt sind, reagieren auf die Ersatzbindungspersonen um sie herum wie freie Radikale mit erhöhter Bindungsdynamik. Dieses Suchen nach emotionaler und körperlicher Nähe kann falsch aufgefaßt werden. Es besteht die Gefahr, daß Erwachsene in diesem Kuschelbedürfnis eine sexuelle Konnotation*

> *zu erkennen glauben, die kleinen Kindern fremd ist. Broschüren, die eine pädagogische Förderung der frühkindlichen Sexualität empfehlen, legen eine fragwürdige Interpretation solcher Betreuungssituationen nahe.*“ (JF 26).

Hier findet das Feindbild der „Frühsexualiserung von Kindern“ seine Fortsetzung in der Gefahr des Missbrauchs durch Bezugspersonen in Betreuungseinrichtungen. Den Eindruck einer Bedrohungslage verstärkt noch der Trugschluss des Volksempfindens. Dieser stellt eine spezifische politische Position als allgemein verbreitete Haltung dar und verstößt so gegen Diskussionsregel Nr. 4, die das Vorbringen konkreter Argumente zur Untermauerung eines Standpunktes fordert. Er zeigt sich exemplarisch in den folgenden Ausschnitten:

> „*'Eltern, die wochentags kaum Einfluß auf ihre Kinder haben, erwarten hingegen, daß die Bildungseinrichtungen ihre Erziehungsziele auch in Fragen der Sexualität unterstützen. Doch von der Kita bis in die Oberstufe setzt die unter dem Gendervorzeichen stehende 'sexuelle Bildung' alles daran, genau dies nicht zu tun.* [...] *Eltern verstehen sehr genau, daß diese proaktive und tabufreie Sexualpädagogik in die Intimsphäre ihrer Kinder eingreift und ihr natürliches Schamgefühl verletzt', sagt die Mitorganisatorin der 'Demo für alle', Hedwig von Beverfoerde der jungen freiheit. 'Sie wollen nicht, daß Ideologen ihre Kinder mit Bildern, Texten und Spielen zu sexuellen Phantasien und Aktivitäten anregen. Das ist seelische Gewalt gegenüber Kindern – via Schulpflicht'.*“ (JF 26).

Die Textbeispiele suggerieren, dass alle Eltern einen negativen Einfluss der neuen Unterrichtsinhalte auf ihre Kinder befürchten würden. Dass die geschlechtersensible Pädagogik das Ziel hat, das Wissen der Kinder über Sexualität und ihren eigenen Körper zu erweitern, um ihre sexuelle Selbstbestimmung und Handlungsfähigkeit zu stärken, gerät dabei vollkommen aus dem Blick. Stattdessen ruft die Gleichsetzung der Lehrinhalte mit „sexueller Gewalt gegenüber Kindern" erneut den Topos der Gerechtigkeit auf und fordert implizit einen sofortigen Stopp der Reformbemühungen. Auf diese Schlussfolgerung laufen auch die anderen vorgestellten argumentativen Muster hinaus.

9.3.4 Zwischenauswertung Diskursstrang Bildungsplan

Die bis hierher angeführten Fundstellen konnten zeigen, wie das Zusammenspiel von semantischen und argumentativen Formen im Material drei inhaltliche Positionen hervorbringt. Der Eindruck, bei Konzepten geschlechterreflektierender Pädagogik handelt es sich um eine ideologische Verschwörung, wird bereits durch die Benennungen und Zuschreibungen in den Artikeln erweckt. Fallacies wie der Trugschluss der Ambivalenz oder der straw man fallacy sowie die Topoi der Gerechtigkeit und der Finanzen verstärken ihn. Darüber hinaus trägt die polarisierte Präsentation der Personenkonstellation dazu bei, die mit Gender-Theorien arbeitenden Wissenschaftler*innen zu diffamieren und dem Konzept so den Anschein der Unwissenschaftlichkeit zu geben.[82] Die Bewertung der geschlechterreflektierenden Pädagogik als „Frühsexualisierung von Kindern" und Gefahr für die Zukunft der heteronormativen Kleinfamilie wird ebenfalls schon durch Benennungen und Zuschreibungen vorgenommen und besonders durch den Topos des bedrohten Kindes unterstützt.[83] Auch den Vorwurf, Antidiskriminierungspolitiken würden von Minderheiten zur Umkehrung von Diskriminierung benutzt, konnte ich eindeutig nachweisen. Er wird vor allem über den Trugschluss der unangebrachten Empathie und den Topos der Zahlen transportiert.

---

[82] Hark und Villa diskutieren den Vorwurf der ideologischen Verschwörung sowie der fehlenden Wissenschaftlichkeit vertiefend (vgl. Hark und Villa 2015).

[83] Lang und Schmincke setzten sich vertiefend mit dem Motiv der „bedrohten Kinder und Familien" auseinander (vgl. Lang 2015b; Schmincke 2015).

Im Hinblick auf die interdiskursiven Bezüge ist festzuhalten, dass alle der von mir zu Beginn dieser Arbeit vorgestellten Schlagworte aus den neurechten Debatten um Geschlecht (Gender Mainstreaming, Gender Studies und Sexualpädagogik) auch im Material auftauchen und hier auf eine ähnliche Art und Weise verhandelt werden. Insofern ist der hier analysierte Ausschnitt aus der Berichterstattung der *Jungen Freiheit* als Resonanzraum dieser Diskurse zu werten. Gleichzeitig bestehen ebenfalls interdiskursive Bezüge zum Diskursstrang Köln, insbesondere dann, wenn die Topoi der „geschwächten Männer“ und „bedrohten Frauen und Kinder“ thematisiert werden.

In Bezug auf meine übergeordneten Forschungsfragen stelle ich fest, dass die untersuchten Artikel der geplanten Einführung des Bildungsplans allesamt skeptisch gegenüber stehen. Diese ablehnende Haltung erscheint dabei zunächst in einem progressiven Licht, weil die geschlechterreflektierende Pädagogik umgedeutet und dämonisiert wird. Die sich selbst als emanzipatorisch verstehende, aufgeklärte Sexualpädagogik wird in den Texten als ideologische Form der Fremdbestimmung präsentiert. Das in den Artikeln verteidigte Modell der heteronormativen Sexualität wirkt im Kontrast dazu dann wie der einzig legitime Fluchtpunkt. Der wiederholt vorgebrachte Appell zur Bewahrung der heterosexuellen Kleinfamilie mit ihrer traditionellen Sexualmoral wird zum einzig naheliegenden Ausweg, die entschiedene Ablehnung progressiver Anliegen erscheint paradoxerweise selbst als Befreiung. Im Zuge dieser Abwehrgesten werden andere konkurrierende Lebensentwürfe konsequent diskriminiert. So diffamieren die Texte verschwörungstheoretisch mehrfach die sogenannte „Homo-Lobby“ und warnen eindringlich vor der „Verschwulung der Männer“ oder der Verbreitung einer nicht mehr ausschließlich paarbezogenen, promiskuitiven Sexualität. Wie im Material zum Diskursstrang Köln sind auch hier Trugschlüsse und Topoi entscheidend daran beteiligt, die einzelnen Positionen miteinander zu verbinden und auf den ersten Blick kohärent erscheinen zu lassen, indem sie die Regeln rationaler Argumentation verletzen.

10. Grenzen der Arbeit

Naturgemäß weist die vorliegende Arbeit Grenzen verschiedener Art auf. Diese resultieren aus der theoretischen Herangehensweise, dem Forschungsdesign an sich sowie nicht zuletzt aus dem forschungsökonomischen Rahmen. Als wesentliche Einschränkung in der theoretischen Reichweite meiner Arbeit ist zunächst erneut einzuräumen, dass die von mir unter dem Stichwort des Liberalisierungsarguments zusammengefassten Annahmen über eine Modernisierung der rechtsextremen Geschlechterbilder vorrangig eine Alltagsbeobachtung sind. Als heuristisches Mittel half mir die Idee des Arguments, um in Abgrenzung dazu meine eigenen Annahmen über den inneren psychologischen Zusammenhang des Einstellungssyndroms Rechtsextremismus darzulegen und zuzuspitzen. Dennoch kann ich nicht behaupten, konkrete Autor*innen explizit widerlegt zu haben, da das Liberalisierungsargument vermutlich gerade wegen seiner vermeintlichen Eindeutigkeit in den mir bekannten Texten nicht explizit ausformuliert ist. Des Weiteren ist noch einmal anzuführen, dass die Ergebnisse meiner Arbeit keine verallgemeinernden Aussagen über das Weltbild der Neuen Rechten oder deren konkreten diskursiven Strategien zulassen. Meine Untersuchung ist vielmehr eine diskursanalytische Vorstudie, die sich auf das Aufdecken von einzelnen Positionen sowie deren semantische und argumentative Verknüpfungen beschränken muss. Insofern betrachtet sie, wie sich diskriminierende Inhalte sprachlich manifestieren. Die nachvollziehbare Frage, was Akteur*innen antreibt oder auf eine spezifische Art und Weise handeln lässt, ist kein zentrales Anliegen der CDA-Perspektive (Wrana 2014: 521) und der Diskursforschung (Angermuller und Schwab 2014: 646).

Es muss einer weiterführenden Untersuchung vorbehalten bleiben, Fragen des diskursiven Agierens einzelner Autor*innen oder Medien mit geeignetem methodischen Setting detaillierter zu untersuchen. In diesem Kontext wäre es auch wichtig, die möglichen Überschneidungen zwischen den Diskursen der Neuen Rechten und denen des „Mainstreams“ in den Blick zu nehmen.[84] Dieser Aspekt drängt sich geradezu auf, wenn die Funktion der Neuen Rechten als Schnittstelle zwischen Rechtsextremismus und Konservatismus ernst genommen wird. Aus forschungsökonomischen Gründen war es mir im Rahmen dieser Arbeit nicht möglich, diese Analyse zu leisten.

Ebenfalls zu kurz kam die im diskurshistorischen Ansatz vorgesehene Diskussion der Einbettung des Untersuchungsmaterials in die sozio-politischen und historischen Rahmendiskurse. Meine Arbeit leistet eine gewisse Kontextualisierung durch die ihr vorangestellten diskursiven Skizzen (vgl. Kapitel 2), dennoch bleibt in diesem Bereich ebenfalls Raum für weiterführende Analysen. Diese wären insbesondere im Hinblick auf die Frage relevant, wie die *Junge Freiheit* als Leitmedium der Neuen Rechten die Elemente historischer Debatten aufgreift, aktualisiert und transformiert.

Bevor ich nun zum Fazit meiner Arbeit komme, fasst die folgende Tabelle noch einmal die wesentlichen Untersuchungsergebnisse zusammen.

---

[84] Der Artikel „Ethnosexismus. Sex-Mob-Narrative um die Kölner Silvesternacht“ bietet dafür einen hervorragenden Bezugspunkt (vgl. Dietze 2016).

Tabelle 10. Abschließender Überblick zu den Untersuchungsergebnissen

Diskursstrang Köln			**Diskursstrang Bildungsplan**		
Personenkonstellation	**Feindbilder**	**Opfer und Sympathiefiguren**	**Personenkonstellation**	**Feindbilder**	**Opfer und Sympathiefiguren**
	Die Täter (Flüchtlinge und Muslime) Politiker*innen Muslime	Frauen Deutsche Bevölkerung Deutsche Männer		Pro-GM-Wissenschaftler und Aktivisten	Kompetente Wissenschaftler Familien und Kinder
Argumentative Verknüpfungen	**Fallacies**	**Topoi**	**Argumentative Verknüpfungen**	**Fallacies**	**Topoi**
Motiv der Polarität zwischen Tätern und Deutschen	Verallgemeinernde Behauptungen Ablenkende Verteidigungen	Topos der Kultur Topos der Zahlen Topos der Zeitenwende	**Motiv des GM als bedrohliche Verschwörung**	Trugschluss der Ambivalenz straw man fallacy	Topos der Gerechtigkeit Topos der Finanzen
Motiv der geschwächten deutschen Männer	Trugschluss der unangebrachten Empathie straw man fallacy	Topos der Bedrohung Topos des entmannten Deutschen	**Motiv der umgekehrten Diskriminierung**	Trugschluss der unangebrachten Empathie	Topos der Zahlen
			Motiv der verratenen Bevölkerung und der bedrohten Kinder	Trugschluss des Volksempfindens	Topos des bedrohten Kindes

11. Fazit

Ausgehend von der Alltagsbeobachtung, dass geschlechtsspezifische Inhalte zunehmend ein Thema neurechter Aktionen und Kampagnen sind, widmete sich die vorliegende Studie dem Anliegen, die geschlechtspolitischen Positionen der Neuen Rechten sowie deren semantische Verschränkung zu untersuchen. Dabei fokussierte ich mich auf die Berichterstattung in der *Jungen Freiheit*, die als Leitmedium der Neuen Rechten eine besondere „Scharnierfunktion“ (Gessenharter 1990: 66ff.) zwischen Rechtsextremismus und Konservatismus besitzt und deren politische Bedeutung angesichts der steigenden Auflagenentwicklung des Blattes vermutlich noch zunehmen wird.

Die Untersuchung konzentrierte sich auf Artikel von Januar bis März 2016, die zwei Diskursereignisse thematisierten: die Übergriffe auf Frauen in der Kölner Silvesternacht 2015/16 sowie die Reform des Bildungsplans in Baden-Württemberg. Die Auswahl dieser Diskursstränge bot sich an, da aus der rechtsextremen Szene sowie dem Umfeld der Neuen Rechten in beiden Fällen eine Vielzahl von geschlechtspolitischen Positionen vorgebracht wurde und gerade diese Pluralität erklärungsbedürftig ist. Besonders deshalb, weil ich der in der etablierten Rechtsextremismusforschung implizit vorhandenen Annahme, rechtsextreme und neurechte Weltbilder hätten sich tendenziell modernisiert, skeptisch gegenüberstehe. Stattdessen betrachte ich die beobachtbare Vielfalt rechter Positionen als einen Widerspruch zu den Annahmen der frühen Autoritarismusforschung, die von einer psychologisch notwendigen Konstanz und inneren Eindeutigkeit dieser Haltungen ausging. Bei der Annäherung an dieses Rätsel ließ ich mich von dem diskurshistorischen Ansatz anleiten, der die Bedeutung von diskursiven (sozialen) Praktiken für die Hervorbringung von Sinn und Bedeutung betont. Insbesondere aus dieser Perspektive war es bedeutsam zu untersuchen, wie genau sich der Prozess der Positionsformulierung auf der Textebene der Artikel vollzieht und welche Rückbezüge auf andere Diskurse dabei auftauchen.

Im Ergebnis der Feinanalyse konnte ich für die beiden untersuchten Diskursstränge ambivalente geschlechtspolitische Positionen in den ausgewählten Texten der *Jungen Freiheit* nachweisen. Diese Uneindeutigkeit entstand dabei aus dem Nebeneinander widersprüchlicher Haltungen. Im Kontext des Diskursstrangs Köln fand ich Positionen, welche die Gleichberechtigung der Geschlechter sowie eine konsequentere Bestrafung sexueller Übergriffe auf Frauen forderten, was auf den ersten Blick progressiv[85] erschien. Gleichzeitig zeichneten die Texte das Bild einer Krise des deutschen Mannes, die nur durch die Rückbesinnung auf traditionell maskuline Werte überwunden werden könne. Außerdem sei es für Männer erst im Zuge dieser männlichen Renaissance möglich, die ihnen obliegende Rolle des Beschützers von Frauen und Kindern wieder einnehmen zu können. Dieses Moment der reaktionären Rückschau bewertete ich als eindeutig patriarchale, gegen die Gleichberechtigung der Geschlechter, gerichtete Haltung. Angesichts dieser widersprüchlichen Tendenzen spreche ich von ambivalenten geschlechtspolitischen Positionen.

Innerhalb des Materials zum Diskursstrang Bildungsplan fand ich ähnlich uneindeutige Konstellationen. Hier entstand der Eindruck fortschrittlicher geschlechtspolitischer Einstellungen durch die Auseinandersetzung mit dem zum Feindbild stilisierten Konzept des Gender Mainstreaming. Es erschien im Licht der Texte als staatliche Verschwörung gegen die Unversehrtheit von Familien und Kindern, was das Eintreten für ein Ende dieser Bevormundung zu

[85] Es wäre lohnenswert, in einer weiterführenden Untersuchung zu betrachten, wie konkret die Überschneidungen zu Positionen aussehen, wie sie etwa Alice Schwarzer und die Zeitschrift Emma in Reaktion auf die Kölner Silvesternacht formuliert haben (oder etwa die Abgrenzung von der Kampagne "#ausnahmslos"). Dabei könnte die instrumentelle und vereinnahmende Bezugnahme der *Jungen Freiheit* auf Stimmen aus dem feministischen Spektrum detaillierter gezeigt und verstanden werden.

einem vermeintlich emanzipatorischen Anliegen machte. Dahingegen war die erfolgte Verteidigung eines heterosexuellen Kleinfamilienideals sowie der heteronormativen und paarbezogenen Sexualmoral erneut ein patriarchales Argumentationsmuster.

Zusätzlich konnte ich außerdem nachweisen, dass die Abwertung von anderen gesellschaftlichen Gruppen und deren Lebensentwürfen in beiden Diskurssträngen ebenfalls Teil der ambivalenten Argumentation war. In den Artikeln zu Köln zeigte sich diese Tendenz in den konstant vorgebrachten rassistischen und antimuslimischen Stereotypen, ebenso wie in der Diffamierung von Feminist*innen. Bei der Berichterstattung zum Bildungsplan war sie in der Diskreditierung der „Homo-Lobby“ sowie der Herabwürdigung nicht-heterosexueller Lebensstile zu beobachten.

Zentral war in beiden Diskurssträngen die widersprüchliche Haltung zum Begriff der Geschlechtergerechtigkeit bzw. zum Begriff der Emanzipation. Im Licht der Ergebnisse bezeichne ich diese Ambivalenz abschließend als vermeintliche Uneindeutigkeit. Obwohl im Material Haltungen auftauchten, die einen progressiven Eindruck erweckten, überwog der Anteil der patriarchalen und reaktionären Inhalte. Dabei ist entscheidend, wie diese widersprüchlichen Standpunkte auf der Textebene miteinander verschränkt sind. Die in den Texten systematisch auftauchenden Trugschlüsse (Fallacies) und Vorstellungsbilder (Topois) verschleierten die rückwärtsgewandte Argumentation, indem sie diese zu rechtfertigen und mit „progressiveren“ Positionen zu verbinden suchten. Mithilfe dieser semantischen Strukturen wirkten die Artikel tendenziell fortschrittlicher als sie es tatsächlich sind und auch die regelmäßig vorgebrachte Diskriminierung anderer sozialer Gruppen weniger abwertend. Den semantischen Verknüpfungen kommt also eine entscheidende Rolle bei der Herstellung der vermeintlichen Uneindeutigkeit auf der Textebene zu.

Ergänzend zu den bisher vorgestellten Ergebnissen betrachtete ich im Rahmen des diskurshistorischen Ansatzes die soziopolitischen und historischen Kontexte, in welche die untersuchten Diskursstränge eingebettet sind. Dabei wurde deutlich, dass in die Berichterstattung um die Ereignisse der Kölner Silvesternacht alte Motive aus der ab den 1970er Jahren geführten Asyl- und Migrationsdebatte einflossen, wie beispielsweise die Infragestellung des Flüchtlingsbegriffes und das Thema der sexuellen Konkurrenz zwischen Zuwanderern / Flüchtlingen und „einheimischen Männern“ um „deutsche Frauen“. Gleichzeitig waren diese diskursiven Elemente an die gegenwärtigen Konfliktlinien angepasst, also auf aktuelle Auseinandersetzungen und Debatten bezogen. Gleiches war im Material zur Bildungsplanreform zu beobachten: neben das bekannte Zerrbild des Gender Mainstreaming als von der EU gesteuerter Verschwörung trat der Vorwurf, sexuelle Minderheiten würden mithilfe des Konzeptes die Mehrheit diskriminieren. Somit ist im Hinblick auf die Einbettung der Diskursstränge festzuhalten, dass die den Rahmendiskursen entnommenen Argumentationsmuster gemäß der Scharnierfunktion der *Jungen Freiheit* adaptiert, modernisiert und ausgeweitet wurden. Sie traten nicht mehr im selben Gewand auf, sondern waren an die derzeitigen diskursiven Rahmenbedingungen angepasst.

Bezüglich des diskursiven Agierens der Neuen Rechten in geschlechtspolitischen Fragen lässt das Vorhandensein in sich widersprüchlicher Positionen zwei Vermutungen zu. Zunächst erscheint im Rückgriff auf die frühe Autoritarismusforschung weiterhin plausibel, dass sich die historisch weitgehend konstanten Elemente rechtsextremer Diskurse nicht ohne Spannungen in ihr liberales Gegenteil verkehren können. Die zunächst widersprüchlich erscheinende, in ihrer Gesamtheit aber lediglich vermeintliche Uneindeutigkeit der geschlechtspolitischen Haltungen könnte aus dieser Perspektive als Notwendigkeit gedacht werden, weiterhin auf die klassisch patriarchalen und reaktionären Bestandteile rechtsextremer Weltbilder Bezug nehmen zu müssen. Gleichzeitig könnten die vereinzelt auftauchenden progressiv formulierten Positionen ein systematischer Versuch sein, durch die gezielte Veruneindeutlichung Anschlussfähigkeit an die Debatten des gesellschaftlichen Mainstreams herzustellen und neue Diskurskoalitionen zu schmieden. Da die Erforschung rechtsextremer Weltbilder und diskursiver Strategien im engeren Sinne jedoch nicht Teil meiner Arbeit war, kann ich diese Überlegungen an dieser Stelle nur anskizzieren. Es muss weiterführenden Studien vorbehalten bleiben, diese sich anschließenden Fragen mit geeigneten Untersuchungsmethoden in den Blick zu nehmen.

Dennoch kann die vorliegende Arbeit die zur Konzeption des Untersuchungsvorhabens herangezogene Forschungsliteratur in zwei Punkten bereichern. Zunächst stützt sie die von mir in Abgrenzung zum Liberalisierungsargument formulierte Annahme, dass sich keine eindeutige Modernisierung des Geschlechterverhältnisses im Rechtsextremismus und in der Neuen Rechten vollzogen habe. In diesem Sinne bestätigt sie die Position von Forscher*innen, die in der Diskussion um das Geschlechterverhältnis und geschlechtspolitische Fragen einen wesentlichen Schauplatz gesellschaftlicher Auseinandersetzungen sehen (vgl. Lehnert 2010; Lang 2015b). In diese Konflikte versucht die Neue Rechte über Medien wie die *Junge Freiheit* zu intervenieren, um ihr „neurechtes Kulturkampfprojekt“ (Brauner-Orthen 2001: 41) voranzutreiben und anschlussfähig zu machen.

Angesichts dieser Entwicklung muss die Untersuchung geschlechtsspezifischer Fragestellungen, insbesondere unter Berücksichtigung diskursiver Aspekte, in der Rechtsextremismusforschung vorangetrieben werden. Meine Arbeit belegte in diesem Zusammenhang exemplarisch, wie hilfreich der diskurshistorische Ansatz sein kann, um den Zusammenhang von Geschlecht, Gender und Rechtsextremismus aus einer neuen Perspektive zu betrachten. Gleichzeitig hoffe ich, mich den im Verlauf der Arbeit aufgetauchten weiterführenden Fragen und Problemstellungen anderweitig vertiefend widmen zu kö

12. Anhang

Überblick über den Textkorpus

Ausgabe / Datum	Code	Titel und Quelle
02/16 08.01.2016	**JF 01**	Das war erst der Anfang (https://jungefreiheit.de/service/archiv?artikel=archiv16/201602010801.htm)
02/16 08.01.2016	**JF 02**	„Es war der Horror“ (https://jungefreiheit.de/service/archiv?artikel=archiv16/201602010813.htm)
02/16 08.01.2016	**JF 03**	„Sie waren Frauen und damit Freiwild“ (https://jungefreiheit.de/service/archiv?artikel=archiv16/201602010811.htm)
03/16 15.01.2016	**JF 04**	Wir leben in einer Zombie-Republik (https://jungefreiheit.de/service/archiv?artikel=archiv16/201603011538.htm)
03/16 15.01.2016	**JF 05**	„Völlig enthemmt und aggressiv“ (https://jungefreiheit.de/service/archiv?artikel=archiv16/201603011517.htm)
03/16 15.01.2016	**JF 06**	Mülltrennung statt Zwangsheirat (https://jungefreiheit.de/service/archiv?artikel=archiv16/201603011513.htm)
03/16 15.01.2016	**JF 07**	„Mit 'Love and Peace' bewirkst du nichts“ (https://jungefreiheit.de/service/archiv?artikel=archiv16/201603011523.htm)
03/16 15.01.2016	**JF 08**	Die Pleite des Willkommensrundfunks (https://jungefreiheit.de/service/archiv?artikel=archiv16/201603011551.htm)
03/16 15.01.2016	**JF 09**	Der Geist aus der Flasche (https://jungefreiheit.de/service/archiv?artikel=archiv16/201603011501.htm)

AutorIn	Schlagworte	Textsorte
Michael Paulwitz	Asylpolitik / Establishment	Kommentar
Henning Hoffgaard / Marcus Schmidt	Asylpolitik / Gewalt gegen Frauen	Bericht
Henning Hoffgaard / Elena Hickman – Interview mit Birgit Kelle	Asylpolitik / Gewalt gegen Frauen	Interview
Thorsten Hinz	Asylpolitik / Establishment	Kommentar
Christian Schreiber / Felix Krautkrämer	Asylpolitik / Establishment	Bericht
Fabian Schmidt-Ahmad	Asylpolitik / Establishment	Kommentar
Hinrich Rohbohm	Asylpolitik / Gewalt gegen Frauen	Bericht
Ronald Gläser	Asylpolitik / Establishment	Kommentar
Christian Vollradt	Asylpolitik / Establishment	Kommentar

Ausgabe / Datum	Code	Titel und Quelle
03/16 15.01.2016	**JF 10**	Das Ende der Bevormundung (https://jungefreiheit.de/service/archiv?artikel=archiv16/201603011502.htm)
04/16 22.01.2016	**JF 11**	„Verheerende Folgen“ (https://jungefreiheit.de/service/archiv?artikel=archiv16/201604012211.htm
04/16 22.01.2016	**JF 12**	Nichts hat mit nichts zu tun (https://jungefreiheit.de/service/archiv?artikel=archiv16/201604012239.htm)
04/16 22.01.2016	**JF 13**	Gewalt statt Schutz (https://jungefreiheit.de/service/archiv?artikel=archiv16/201604012214.htm)
04/16 22.01.2016	**JF 14**	Auf eigene Faust (https://jungefreiheit.de/service/archiv?artikel=archiv16/201604012221.htm)
05/16 29.01.2016	**JF 15**	Manipulationen an der Sprache (https://jungefreiheit.de/service/archiv?artikel=archiv16/201605012943.htm)
05/16 29.01.2016	**JF 16**	Tanit Koch im feministischen Fadenkreuz (https://jungefreiheit.de/service/archiv?artikel=archiv16/201605012955.htm)
05/16 29.01.2016	**JF 17**	Was geht es den Staat an? (https://jungefreiheit.de/service/archiv?artikel=archiv16/201605012942.htm)
05/16 29.01.2016	**JF 18**	Kühle Reaktion aus Düsseldorf (https://jungefreiheit.de/service/archiv?artikel=archiv16/201605012914.htm)
05/16 29.01.2016	**JF 19**	„Eine Art Scharia-Klima“ (https://jungefreiheit.de/service/archiv?artikel=archiv16/201605012911.htm)

AutorIn	Schlagworte	Textsorte
Dieter Stein	Asylpolitik / Establishment	Kommentar
Moritz Schwarz	Asylpolitik / Innere Sicherheit	Interview
Birgit Kelle	Feminismus / Gewalt gegen Frauen	Kommentar
Elena Hickmann	Asylpolitik / Gewalt gegen Frauen	Bericht
Christian Schreiber	Innere Sicherheit / Gewalt gegen Frauen	Bericht
Werner Olles	Gender Mainstreaming / Establisment	Kommentar
Tobias Dahlbrügge	Feminismus / Establisment	Bericht
Birgit Kelle	Gender Mainstreaming / Establishment	Kommentar
Paul Humberg	Asylpolitik / Establishment	Bericht
Moritz Schwarz	Asyl-Politik / Islam	Interview

Ausgabe / Datum	Code	Titel und Quelle
05/16 29.01.2016	**JF 20**	Die Mitläufer verunsichern (https://jungefreiheit.de/service/archiv?artikel=archiv16/201605012941.htm)
06/16 05.02.2016	**JF 21**	„Frauen sind verunsichert" (https://jungefreiheit.de/service/archiv?artikel=archiv16/201606020521.htm)
07/16 12.02.2016	**JF 22**	„Guten Tag, ich möchte Asyl" (https://jungefreiheit.de/service/archiv?artikel=archiv16/201607021225.htm)
07/16 12.02.2016	**JF 23**	Herr Obfrau (https://jungefreiheit.de/service/archiv?artikel=archiv16/201607021206.htm)
07/16 12.02.2016	**JF 24**	„Koloniale und rassistische Denkmuster" (https://jungefreiheit.de/service/archiv?artikel=archiv16/201607021218.htm)
09/16 26.02.2016	**JF 25**	Wider den Hokuspokus (https://jungefreiheit.de/service/archiv?artikel=archiv16/201609022658.htm)
09/16 26.02.2016	**JF 26**	Die Distanz zur Schule wächst (https://jungefreiheit.de/service/archiv?artikel=archiv16/201609022638.htm)
09/16 26.02.2016	**JF 27**	„Schnell den Blick senken und leise weitergehen" (https://jungefreiheit.de/service/archiv?artikel=archiv16/201609022665.htm)
10/16 04.03.2016	**JF 28**	„Mehr als zweifelhaft" (https://jungefreiheit.de/service/archiv?artikel=archiv16/201609022665.htm)
1/16 04.03.2016	**JF 29**	„Dem Gender-Spuk ein Ende bereiten" (https://jungefreiheit.de/service/archiv?artikel=archiv16/201610030421.htm)

AutorIn	Schlagworte	Textsorte
Michael Paulwitz	Bildungspolitik / Gender Mainstreaming	Bericht
Elena Hickman	Innere Sicherheit / Gewalt gegen Frauen	Bericht
Shams ul-Haq	Asylpolitik / Islam	Reportage
Matthias Bäkermann	Gender Mainstreaming / Establishment	Kommentar
Felix Krautkrämer	Asylpolitik / Establishment	Bericht
Christoph Keller	Biopolitik / Gender Mainstreaming	Kommentar
Martin Voigt	Bildungspolitik / Gender Mainstreaming	Kommentar
Heiko Urbanzyk	Bildungspolitik / Gender Mainstreaming	Kommentar
Moritz Schwarz	Asylpolitik / Islam	Interview
Michael Paulwitz	Bildungspolitik / Gender Mainstreaming	Bericht

13. Literaturverzeichnis

13.1 Online-Quellen

Alvarez, Sonja. 2016. *AfD und Pegida bescheren "Junger Freiheit" Auflagenrekord*. Online verfügbar unter: https://www.tagesspiegel.de/gesellschaft/medien/wochenzeitung-aus-berlin-afd-und-pegida-bescheren-junger-freiheit-auflagenrekord/12872614.html (Zuletzt abgerufen am 15.04.2019).

BAMF. 2016. *476.649 Asylanträge im Jahr 2015*. Online verfügbar unter: https://www.bamf.de/SharedDocs/Meldungen/DE/2016/201610106-asylgeschaeftsstatistik-dezember.html (Zuletzt abgerufen am 15.04.2019).

Bundeszentrale für politische Bildung (bpb). 2016. *Was liest der rechte Rand? Der Bücherschrank*. Online verfügbar unter: http://www.bpb.de/politik/extremismus/rechtsextremismus/239438/der-rechte-rand-verlage (Zuletzt abgerufen am 15.04.2019).

BVG. 2005. *Leitsätze: zu dem Beschluss des Ersten Senats vom 24. Mai 2005 (1 BvR 1072/01)*. Online verfügbar unter: https://www.bundesverfassungsgericht.de/entscheidungen/rs20050524_1bvr107201.html (Zuletzt abgerufen am 15.04.2019).

Botsch, Gideon. 2018. *Vom Populismus zum Extremismus. Eine Neubewertung der AfD ist überfällig*. Online verfügbar unter: https://www.pnn.de/wissenschaft/vom-populismus-zum-extremismus-eine-neubewertung-der-afd-ist-ueberfaellig/23195158.html (Zuletzt abgerufen am 15.04.2019).

Demo für Alle. 2018. *Kein Vielfalts-Sex in KiTas: Indoktrinierende Broschüre sofort zurückziehen!* Online verfügbar unter: https://www.citizengo.org/de/ed/156998-kein-vielfalts-sex-kitas-indoktrinierende-broschuere-sofort-zurueckziehen (Zuletzt abgerufen am 15.04.2019).

Diskursatlas Antifeminismus. 2019. *Demo für Alle.* Online verfügbar unter: http://www.diskursatlas.de/index.php?title=Demo_f%C3%BCr_alle (Zuletzt abgerufen am 15.04.2019).

FAZ. 2016. *Bisher nur sechs Verurteilungen.* Online verfügbar unter: https://www.faz.net/aktuell/politik/inland/bisher-wurden-nur-sechs-taeter-der-koelner-silvesternacht-verurteilt-14545141.html (Zuletzt abgerufen am 15.04.2019).

Flade, Florian, Pauty, Marcel und Frigelj, Kristian. 2016. *1054 Strafanzeigen nach Übergriffen von Köln.* Online verfügbar unter: https://www.welt.de/politik/deutschland/article152018368/1054-Strafanzeigen-nach-Uebergriffen-von-Koeln.html (Zuletzt abgerufen am 15.04.2019).

Führer, Susanne. 2008. *Patzelt: Rechts ist nicht gleich rechtsextrem.* Online verfügbar unter: https://www.deutschlandfunkkultur.de/patzelt-rechts-ist-nicht-gleich-rechtsextrem.954.de.html?dram:article_id=143868 (Zuletzt abgerufen am 15.04.2019).

Grzebalska, Weronika, Kováts, Ezster und Pető, Andrea. 2017. *Gender as symbolic glue: how 'gender' became an umbrella term for the rejection of the (neo)liberal order.* Online verfügbar unter: http://political-critique.org/long-read/2017/gender-as-symbolic-glue-how-gender-became-an-umbrella-term-for-the-rejection-of-the-neoliberal-order/ (Zuletzt abgerufen am 15.04.2019).

IVW. 2016. *JUNGE FREIHEIT Verlag GmbH & Co. (Berlin)*. Online verfügbar unter: https://www.ivw.eu/aw/print/qa/titel/8020 (Zuletzt abgerufen am 15.04.2019).

Klein, Hans-Peter. 2015. *Heldenhafte Spermien und wachgeküsste Eizellen*. Online verfügbar unter: https://www.faz.net/aktuell/politik/inland/gender-studies-genderforschung-auch-in-der-biologie-13603216.html (Zuletzt abgerufen am 15.04.2019).

Klormann, Sybille. 2016. *Vielleicht habe ich den Frauen zu wenig Trost gespendet*. Online verfügbar unter: https://www.zeit.de/zeit-magazin/2016-06/henriette-reker-armlaenge-aeusserung-fehler (Zuletzt abgerufen am 15.04.2019).

Kultusportal Baden-Württemberg. 2013. *Arbeitspapier für die Hand der Bildungsplankommissionen als Grundlage und Orientierung zur Verankerung der Leitprinzipien.* Online verfügbar unter: https://web.archive.org/web/20140124070408/http://www.kultusportal-bw.de/site/pbs-bw/get/documents/KULTUS.Dachmandant/KULTUS/kultusportal-bw/Bildungsplanreform/Arbeitspapier_Leitprinzipien.pdf (Zuletzt abgerufen am 27.04.2019).

Lang, Juliane. 2015a. Familienpopulismus und Antifeminismus als Kitt zwischen extremer Rechter und ‚Mitte der Gesellschaft'. Online verfügbar unter: https://www.lsvd.de/fileadmin/pics/.../LSVD_2015_Beitrag_von_Juliane_Lang.pdf (Zuletzt abgerufen am 15.04.2019).

Paulwitz, Michael. 2007. *Im Labor der Menschenzüchter*. Online verfügbar unter: http://www.jf-archiv.de/archiv07/200703011201.htm (Zuletzt abgerufen am 15.04.2019).

Pfister, Rene. 2006. *Der neue Mensch.* Online verfügbar unter: https://www.spiegel.de/spiegel/a-457053.html (Zuletzt abgerufen am 15.04.2019).

Queerformat. 2018. *Murat spielt Prinzessin, Alex hat zwei Mütter und Sophie heißt jetzt Ben.* Online verfügbar unter https://www.queerformat.de/murat-spielt-prinzessin-alex-hat-zwei-muetter-und-sophie-heisst-jetzt-ben/ (Zuletzt abgerufen am 09.04.2019).

Reisigl, Martin. 2007. Projektbericht: Der Wiener Ansatz der Kritischen Diskursanalyse. Online verfügbar unter: http://www.qualitative-research.net/index.php/fqs/article/view/270/591 (Zuletzt abgerufen am 09.04.2019).

Scheele, Sebastian. 2016. *Von Antifeminismus zu 'Anti-Genderismus'? Eine diskursive Verschiebung und ihre Hintergründe.* Online verfügbar unter: https://www.gwi-boell.de/sites/default/files/uploads/2016/08/scheele_diskursive_verschiebung_antifeminismus.pdf (Zuletzt abgerufen am 15.04.2019).

Schröder, Jens. 2016. *IVW-Blitz-Analyse Zeitungen: Welt stürzt um 17,6% ab, vier Gewinner bei den Wochenzeitungen.* Online verfügbar unter: https://meedia.de/2016/04/20/ivw-blitz-analyse-zeitungen-welt-stuerzt-um-176-ab-vier-gewinner-bei-den-wochenzeitungen/ (Zuletzt abgerufen am 15.04.2019).

Rauschenbach, Brigitte. 2004. *Politische Philosophie und Geschlechterordnung – Ideengeschichte neu besehen.* Online verfügbar unter: https://www.fu-berlin.de/sites/gpo/pol_theorie/Ideengeschichte/Politische_Philosophie_und_Geschlechterordnung_____Ideengeschichte_neu_besehen/index.html (Zuletzt abgerufen am 15.04.2019).

SCIENCEFILES. 2018. *Genderista-Wiki: Zielsetzung.* Online verfügbar unter: https://sciencefiles.org/genderistawiki/zielsetzung/ (Zuletzt abgerufen am 15.04.2019).

SPIEGEL 2017. *Gutachter wirft Polizei Versäumnisse vor.* Online verfügbar unter: https://www.spiegel.de/panorama/justiz/koelner-silvesternacht-gutachter-wirft-polizei-versaeumnisse-vor-a-1115340.html (Zuletzt abgerufen am 15.04.2019).

Stängle, Gabriel. 2013: *Zukunft – Verantwortung – Lernen: Kein Bildungsplan 2015 unter der Ideologie des Regenbogens.* Online verfügbar unter: https://www.openpetition.de/petition/online/zukunft-verantwortung-lernen-kein-bildungsplan-2015-unter-der-ideologie-des-regenbogens (Zuletzt abgerufen am 15.04.2019).

Stein, Dieter. 2014. *Die Schamgrenzen brechen.* Online verfügbar unter: https://jungefreiheit.de/debatte/streiflicht/2014/die-schamgrenzen-brechen/ (Zuletzt abgerufen am 15.04.2019).

Süddeutsche Zeitung. 2016. *Männer verdienen ein Fünftel mehr als Frauen.* Online verfügbar unter: https://www.sueddeutsche.de/karriere/gehalt-maenner-verdienen-ein-fuenftel-mehr-als-frauen-1.2888270 (Zuletzt abgerufen am 15.04.2019).

Teidelbaum, Lucius. 2015. *„Kein Bildungsplan unter der Ideologie des Regenbogens". Homo- und transphobe Strassenproteste gegen den Entwurf eines neuen Bildungsplan in Stuttgart".* Online verfügbar unter: https://www.rosalux.de/fileadmin/rls_uploads/pdfs/Materialien/Materialien8_Unheilige_Allianz.pdf (Zuletzt abgerufen am 15.04.2019).

Treanor, Jill. 2016. *Gender pay gap could take 170 years to close, says World Economic Forum*. Online verfügbar unter: https://www.theguardian.com/business/2016/oct/25/gender-pay-gap-170-years-to-close-world-economic-forum-equality (Zuletzt abgerufen am 15.04.2019).

Vehrkamp, Robert und Merkel, Wolfgang. 2018. *Populismusbarometer 2018. Populistische Einstellungen bei Wählern und Nichtwählern in Deutschland 2018*. Online verfügbar unter: https://www.bertelsmann-stiftung.de/fileadmin/files/BSt/Publikationen/GrauePublikationen/ZD__Studie_Populismusbarometer_2018.pdf (Zuletzt abgerufen am 15.04.2019).

Voigt, Martin. 2014. *Aufklärung oder Anleitung zum Sex?* Online verfügbar unter: https://www.faz.net/aktuell/politik/inland/lehrplaene-aufklaerung-oder-anleitung-zum-sex-13223950.html (Zuletzt abgerufen am 15.04.2019).

Von Storch, Beatrix. 2017. *Die Geschlechterforschung ist ein politisches Instrument*. Online verfügbar unter: https://causa.tagesspiegel.de/gesellschaft/welchen-stellenwert-soll-die-geschlechterforschung-haben/die-geschlechterforschung-ist-ein-politisches-instrumentnbsp.html (Zuletzt abgerufen am 15.04.2019).

Weber, Christian. 2014. *Was sie noch nie über Sex wissen wollten*. Online verfügbar unter: https://demofueralle.blog/wp-content/uploads/2014/06/sz-24-04-2014.pdf (Zuletzt abgerufen am 15.04.2019).

Weidel, Alice. 2017. *Kein Zurückweichen*. Online verfügbar unter: https://jungefreiheit.de/debatte/kommentar/2016/kein-zurueckweichen (Zuletzt abgerufen am 15.04.2019).

Zastrow, Volker. 2006. *Politische Geschlechtsumwandlung*. Online verfügbar unter: https://www.faz.net/aktuell/politik/gendermainstreaming-politische-geschlechtsumwandlung-1327841.html (Zuletzt abgerufen am 15.04.2019).

13.2 Sekundärliteratur

Adorno, Theodor W. 1995. *Studien zum autoritären Charakter*. Frankfurt am Main: Suhrkamp.

———. 2003. *Einleitung in die Soziologie*. Frankfurt am Main: Suhrkamp.

Adorno, Theodor W., Else Frenkel-Brunswik, Daniel Levinson, und Nevitt Sanford. 1950. *The Authoritarian Personality*. New York: Harper.

Adorno, Theodor W., und Max Horkheimer. 1969. *Dialektik der Aufklärung: philosophische Fragmente*. Frankfurt am Main: Fischer.

Akkerman, Tjitske. 2015. „Gender and the Radical Right in Western Europe: A Comparative Analysis of Policy Agendas". *Patterns of Prejudice* 49 (1–2): 37–60.

Alvesson, Mats, und Kaj Sköldberg. 2009. *Reflexive Methodology: New Vistas for Qualitative Research*. Los Angeles: SAGE.

Amesberger, Helga, und Brigitte Halbmayr, Hrsg. 2002. *Rechtsextreme Parteien - eine mögliche Heimat für Frauen?* Opladen: Leske + Budrich.

Angermüller, Johannes, und Veit Schwab. 2014. „Zu Qualitätskriterien und Gelingensbedingungen in der Diskursforschung". In *Diskursforschung. Ein interdisziplinäres Handbuch*, herausgegeben von Johannes Angermüller, Martin Nonhoff, und Eva Herschinger, 645–49. Bielefeld: transcript.

Ates, Seyran. 2009. *Der Islam braucht eine sexuelle Revolution: Eine Streitschrift*. Berlin: Ullstein.

Bachmann-Medick, Doris. 2009. *Cultural turns: Neuorientierungen in den Kulturwissenschaften*. Reinbek bei Hamburg: Rowohlt.

Backes, Uwe, und Eckhard Jesse. 1989. *Politischer Extremismus in der Bundesrepublik Deutschland*. Studien zur Geschichte und Politik. Bonn: Bundeszentrale für Politische Bildung.

Beck, Ulrich. 1986. *Risikogesellschaft: auf dem Weg in eine andere Moderne*. Frankfurt am Main: Suhrkamp.

Becker-Schmidt, Regina, und Gudrun-Axeli Knapp. 2001. *Feministische Theorien zur Einführung*. Hamburg: Junius.

Beer, Ursula. 1984. *Theorien geschlechtlicher Arbeitsteilung*. Frankfurt: Campus-Verlag.

———. 1991. *Geschlecht, Struktur, Geschichte: soziale Konstituierung des Geschlechterverhältnisses*. Frankfurt: Campus-Verlag.

Benhabib, Seyla. 1995. *Der Streit um Differenz: Feminismus und Postmoderne in der Gegenwart*. Frankfurt am Main: Fischer-Taschenbuch.

Benhabib, Seyla, und Linda Nicholson. 1985. „Politische Philosophie und die Frauenfrage". In *Pipers Handbuch der politischen Ideen*, herausgegeben von Iring Fetscher und Herfried Münkler, 5:513–62. München ; Zürich: Piper.

Beynon, John. 2002. *Masculinities and Culture*. Buckingham/Philadelphia.: Open University Press.

Birsl, Ursula. 1994. *Rechtsextremismus: weiblich — männlich? Eine Fallstudie zu geschlechtsspezifischen Lebensverläufen, Handlungsspielräumen und Orientierungsweisen*. Wiesbaden: VS Verlag für Sozialwissenschaften.

———. 2011. *Rechtsextremismus und Gender*. Opladen: Budrich.

———. 2016. „Rechtsextremismusforschung reloaded ? neue Erkenntnisse, neue Forschungsfelder und alte Forschungsdesiderate". *Neue Politische Literatur* 2016 (2): 251–76.

Bitzan, Renate, Hrsg. 1997. *Rechte Frauen: Skingirls, Walküren und feine Damen*. Berlin: Elefanten-Press.

———. 2000. *Selbstbilder rechter Frauen: zwischen Antisexismus und völkischem Denken*. Tübingen: EdDiskord.

———. 2017. „Geschlechterkonstruktionen und Geschlechterverhältnisse in der extremen Rechten“. In: Handbuch Rechtsextremismus, herausgegeben von Fabian Virchow, Alexander Häusler und Martin Langebach, 325–73. Wiesbaden: Springer Fachmedien.

Bloch, Ernst. 1935. *Erbschaft dieser Zeit*. Zürich: Oprecht & Helbling.

Braun, Stephan, und Ute Vogt, Hrsg. 2007. *Die Wochenzeitung „Junge Freiheit“: kritische Analysen zu Programmatik, Inhalten, Autoren und Kunden*. Wiesbaden: VS Verlag für Sozialwissenschaften.

Brauner-Orthen, Alice. 2001. *Die Neue Rechte in Deutschland: Antidemokratische und rassistische Tendenzen*. Wiesbaden: VS Verlag für Sozialwissenschaften.

Brück, Brigitte, Heike Kahlert, Marianne Kruell, Astrid Osterland, und Ingeborg Wegehaupt-Schneider, Hrsg. 1997. *Feministische Soziologie: eine Einführung*. Frankfurt: Campus-Verlag.

Bühler-Niederberger, Doris. 2005. *Macht der Unschuld: das Kind als Chiffre*. 1. Aufl. Wiesbaden: VS.

Butler, Judith. 1990. *Gender Trouble: Feminism and the Subversion of Identity*. New York: Routledge.

Butterwegge, Christoph. 1996. *Rechtsextremismus, Rassismus und Gewalt: Erklärungsmodelle in der Diskussion*. Darmstadt: Primus-Verlag.

Canovan, Margaret. 1981. *Populism*. New York: Harcourt Brace Jovanovich.

Childers, Thomas. 1989. „Political Sociology and the “Linguistic Turn””. *Central European History* 22 (3–4): 381–393.

Claus, Robert, Esther Lehnert, und Yves Müller, Hrsg. 2010. *„Was ein rechter Mann ist ...“: Männlichkeiten im Rechtsextremismus*. Berlin: Dietz.

Connell, Raewyn. 1999. *Der gemachte Mann: Konstruktion und Krise von Männlichkeiten*. Opladen: Leske + Budrich.

Däubler-Gmelin, Herta, und Kerstin Kießler. 1990. „Die Rechtsaußen-Parteien und die Frauen. Warum die ‚Republikaner‘ eine Männerpartei sind“. In *Grauzone zwischen Union und der Neuen Rechten: Personen, Institutionen, Identifikationen*, herausgegeben von Rolf Seeliger, 122–34. München: Seeliger.

Decker, Oliver. 2015. „Narzisstische Plombe und sekundärer Autoritarismus“. In *Rechtsextremismus der Mitte und sekundärer Autoritarismus*, herausgegeben von Oliver Decker, Johannes Baldauf, und Elmar Brähler, 21–34. Forschung Psychosozial. Gießen: Psychosozial-Verlag.

Decker, Oliver, Elmar Brähler, und Johannes Kiess, Hrsg. 2015. *Rechtsextremismus der Mitte und sekundärer Autoritarismus*. Gießen: Psychosozial-Verlag.

Decker, Oliver. 2018. „Flucht ins Autoritäre“. In *Flucht ins Autoritäre. Rechtsextreme Dynamiken in der Mitte der Gesellschaft*, herausgegeben von Oliver Decker und Elmar Brähler, 15–64. Gießen: Psychosozial-Verlag.

Decker, Oliver, und Elmar Brähler, Hrsg. 2018. *Flucht ins Autoritäre. Rechtsextreme Dynamiken in der Mitte der Gesellschaft*. Gießen: Psychosozial-Verlag.

Degele, Nina. 2008. *Gender, Queer Studies: eine Einführung*. Stuttgart: UTB.

Dietze, Gabriele. 2016. „Ethnosexismus. Sex-Mob-Narrative um die Kölner Sylvesternacht“. *movements. Journal für kritische Migrations- und Grenzregimeforschung* 2 (1): 177–85.

Dohm, Hedwig. 1902. *Die Antifeministen: ein Buch der Verteidigung*. Berlin: Dümmler.

Dück, Julia. 2014. „Krise und Geschlecht. Überlegungen zu einem feministisch- materialistischen Krisenverständnis“. *PROKLA*, Nr. 174: 53–70.

Ebbinghaus, Angelika. 1987. *Opfer und Täterinnen: Frauenbiographien des Nationalsozialismus*. Nördlingen: Greno.

Fairclough, Norman. 1995. *Critical Discourse Analysis: The Critical Study of Language*. London: Longman.

Fairclough, Norman, und Ruth Wodak. 1997. „Critical Discourse Analysis“. In *Discourse as Social Interaction*, herausgegeben von Teun A. van Dijk, 2:258–84. London: SAGE.

Falter, Jürgen W. 1991. *Hitlers Wähler*. München: Beck.

———. 1994. *Wer wählt rechts?: die Wähler und Anhänger rechtsextremistischer Parteien im vereinigten Deutschland*. Bd. 1052. München: Beck.

Farris, Sara R. 2017. *In the Name of Women's Rights: The Rise of Femonationalism*. Durham: Duke University Press.

Federici, Silvia. 2012. *Aufstand aus der Küche: Reproduktionsarbeit im globalen Kapitalismus und die unvollendete feministische Revolution*. Münster: Edition Assemblage.

Fischer, Arthur. 1982. *Jugend '81: Lebensentwürfe, Alltagskulturen, Zukunftsbilder ; Studie im Auftrag des Jugendwerks der Deutschen Shell*. Opladen: Leske + Budrich.

Forster, Edgar. 2006. „Männliche Resouveränisierungen“. *Feministische Studien*, Nr. 2: 193–207.

Freud, Sigmund. 1940. *Gesammelte Werke. Band 13*. London: Imago Publishing.

———. 1953. *Abriss der Psychoanalyse. Das Unbehagen in der Kultur*. Frankfurt am Main und Hamburg: Fischer Bücherei.

———. 1967. *Massenpsychologie und Ich-Analyse. Die Zukunft einer Illusion*. Frankfurt am Main und Hamburg: Fischer Bücherei.

Fromm, Erich. 1936. „Studien über Autorität unf Familie. Sozialpsychologischer Teil.“ In *Gesamtausgabe. Band 1.*, herausgegeben von Erich Fromm, 139–87. Stuttgart: Deutsche Verlagsanstalt.

———. 1970. *Analytische Sozialpsychologie und Gesellschaftstheorie*. Frankfurt am Main: Suhrkamp.

———. 1980. *Arbeiter und Angestellte am Vorabend des Dritten Reiches: eine sozialpsychologische Untersuchung*. Stuttgart: Deutsche Verlagsanstalt.

Geden, Oliver. 2004. *Männlichkeitskonstruktionen in der Freiheitlichen Partei Österreichs: eine qualitiv-empirische Untersuchung*. Opladen: Leske und Budrich.

Gessenharter, Wolfgang. 1989a. „Die ‚Neue Rechte' als Scharnier zwischen Neokonservatismus und Rechtsextremismus in der Bundesrepublik". In *Gegen Barbarei: Essays Robert M. W. Kempner zu Ehren*, herausgegeben von Rainer Eisfeld und Robert M. W. Kempner, 424–52. Frankfurt am Main: Athenäum.

———. 1989b. „Konservatismus und Rechtsextremismus - Nähen und Distanzen". *Gewerkschaftliche Monatshefte* 40 (9): 561–70.

———. 1990. „Die Neue Rechte als Scharnier zwischen Neokonservatismus und Rechtsextremismus". In *Grauzone zwischen Union und der Neuen Rechten: Personen, Institutionen, Identifikationen*, herausgegeben von Rolf Seeliger, 63–77. München: Seeliger.

———. 2007. „Der Schmittismus der ‚Jungen Freiheit' und seine Unvereinbarkeit mit dem Grundgesetz". In *Die Wochenzeitung „Junge Freiheit"*, herausgegeben von Stephan Braun und Ute Vogt, 77–94. Wiesbaden: VS Verlag für Sozialwissenschaften.

Goetz, Judith. 2014. „(Re-)Naturalisierungen der Geschlechterordnung: Anmerkungen zur Geschlechtsblindheit der (österreichischen) Rechtsextremisforschung". In *Entwicklungen und Analysen*, herausgegeben von Nico Bechter, 40–68. Wien: Mandelbaum.

Grebing, Helga. 1974. *Aktuelle Theorien über Faschismus und Konservatismus: eine Kritik*. Stuttgart: Kohlhammer.

Greiffenhagen, Martin. 1981. *5 Millionen Deutsche: „Wir sollten wieder einen Führer haben ..." : die SINUS-Studie über rechtsextremistische Einstellungen bei den Deutschen*. Reinbek bei Hamburg: Rowohlt.

Guba, Egon, und Yvonna Lincoln. 2005. „Paradigmatic Controversies, Contradictions and Emerging Confluences". In *The Sage Handbook of Qualitative Research*, herausgegeben von Norman K. Denzin und Yvonna S. Lincoln, 191–216. Thousand Oaks: SAGE.

Habermas, Jürgen. 1968. *Erkenntnis und Interesse*. Frankfurt am Main: Suhrkamp.

———. 2009. „V. Vorlesung: Wahrheit und Gesellscahft. Die diskursive Einlösung faktischer Geltungsansprüche“. In *Sprachtheoretische Grundlegung der Soziologie. Studienausgabe: Pilosophische Texte. Band 1.*, 131–56.

Hark, Sabine, und Paula-Irene Villa, Hrsg. 2015. *Anti-Genderismus. Sexualität und Geschlecht als Schauplätze aktueller politischer Auseinandersetzungen*. Bielefeld: transcript.

Haverland, Markus, und Dvora Yanow. 2012. „A Hitchhiker's Guide to the Public Administration Research Universe: Surviving Conversations on Methodologies and Methods“. *Public Administration Review* 72 (3): 401–8.

Heilmann, Andreas. 2010. „Normalisierung und Aneignung - Modernisierung und Flexibilisierung von Männlichkeiten im Rechtsextremismus“. In *„Was ein rechter Mann ist ...“: Männlichkeiten im Rechtsextremismus*, herausgegeben von Robert Claus, Esther Lehnert, und Yves Müller, 53–66. Berlin: Dietz.

Heitmeyer, Wilhelm. 1985. „Identitätsprobleme und rechtsextremistische Orientierungsmuster“. In *Neue Widersprüche: Jugendliche in den 80er Jahren*, herausgegeben von Dieter Baacke und Wilhelm Heitmeyer, 175–198. Weinheim: Juventa-Verlag.

———. 1987. *Rechtsextremistische Orientierungen bei Jugendlichen: empirische Ergebnisse und Erklärungsmuster einer Untersuchung zur politischen Sozialisation*. Weinheim: Juventa-Verlag.

———. 1989. „Jugend und Rechtsextremismus. Von ökonomisch - sozialen Alltagserfahrungen zur rechtsextremistisch motivierten Gewalteskalation“. In *Hitlers Schatten verblasst: die Normalisierung des Rechtsextremismus*, herausgegeben von Gerhard Paul, 101–33. Bonn: Dietz.

———. 1992. *Die Bielefelder Rechtsextremismus-Studie: erste Langzeituntersuchung zur politischen Sozialisation männlicher Jugendlicher*. Weinheim: Juventa-Verlag.

———, Hrsg. 2012. *Deutsche Zustände: Folge 10*. Berlin: Suhrkamp Verlag.

Held, Josef, Hans Horn, Rudolf Leiprecht, und Athanasios Marvakis. 1992. *Du mußt so handeln, dass Du Gewinn machst: empirische Untersuchungen und theoretische Überlegungen zu politisch rechten Orientierungen jugendlicher Arbeitnehmer*. Duisburg: DISS.

Henningsen, Anja, Elisabeth Tuider, und Stefan Timmermanns, Hrsg. 2016. *Sexualpädagogik kontrovers*. Weinheim: Beltz Juventa.

Hillebrand, Ernst, Hrsg. 2015. *Rechtspopulismus in Europa: Gefahr für die Demokratie?* Bonn: Dietz.

Hirsch, Kurt, und Wolfgang Metz. 1989. *Die Republikaner: die falschen Patrioten*. München: SPD-Landesverband Bayern.

Hoffmann-Lange, Ursula, Hrsg. 1995. *Jugend und Demokratie in Deutschland*. Opladen: Leske + Budrich.

Hofmann-Götting, Joachim. 1989. *Die Wähler der extremen Rechten: Die neue Rechte: die Männerparteien: die Wählerbasis der „Republikaner", DVU und NPD nach Alter und Geschlecht bei der Europawahl vom 18. Juni 1989*. Herausgegeben von Karl-Heinz Klär. Bonn: Vorwärts-Verlag.

Hollis, Martin, und Steve Smith. 1991. *Explaining and Understanding International Relations*. Clarendon Paperbacks. Oxford: Clarendon Press.

Holzer, Willibald. 1979. *Rechtsextremismus in Österreich nach 1945*. Herausgegeben von Dokumentationsarchiv des Österreichischen Widerstandes. Wien: Österreichischer Bundesverlag.

Holzkamp, Christine. 1994. „Wir - nicht nur die anderen... Rassismus, Dominanzkultur, Geschlechterverhältnis". In *Frauen - Rechtsextremismus, Rassismus, Gewalt: feministische Beiträge*, herausgegeben von Christiane Tillner, 37–48. Münster: Agenda-Verlag.

Horn-Metzger, Edeltraud, und Christine Riegel. 1995. „Junge Frauen und rechte Orientierungen. Die Kategorie Geschlecht: ein vernachlässigter Aspekt in der Jugend- und Rechtsextremismusforschung". In *In Grenzen verstrickt: Jugendliche und Rassismus in Europa ; Ergebnisse vergleichender Jugendforschung*, herausgegeben von Rudolf Leiprecht, 133–59. Duisburg: DISS.

Jaschke, Hans-Gerd. 2001. *Rechtsextremismus und Fremdenfeindlichkeit: Begriffe, Positionen, Praxisfelder*. Wiesbaden: Westdeutscher Verlag.

Kahlweiß, Luzie, und Samuel Salzborn. 2012. „‚Islamophobie'. Zur konzeptionellen und empirischen Fragwürdigkeit einer umstrittenen Kategorie". In *Islamophobie und Antisemitismus - ein umstrittener Vergleich*, herausgegeben von Gideon Botsch, Olaf Glöckner, Christoph Kopke, und Michael Spieker, 51–64. Berlin: De Gruyter.

Kelek, Necla. 2007. *Die verlorenen Söhne: Plädoyer für die Befreiung des türkisch-muslimischen Mannes*. München: Goldmann.

Kelle, Birgit. 2013. *Dann mach doch die Bluse zu: ein Aufschrei gegen den Gleichheitswahn*. Aßlar: adeo.

———. 2015. *GenderGaga: Wie eine absurde Ideologie unseren Alltag erobern will*. Aßlar: adeo.

Kellershohn, Helmut. 2007. „Kurzchronologie der ‚Jungen Freiheit' 1986 bis 2006". In *Die Wochenzeitung „Junge Freiheit"*, herausgegeben von Stephan Braun und Ute Vogt, 43–56. Wiesbaden: VS Verlag für Sozialwissenschaften.

Kemper, Andreas, Hrsg. 2012. *Die Maskulisten: organisierter Antifeminismus im deutschsprachigen Raum*. Münster: Unrast.

———. 2014. „Keimzelle der Nation? Familien- und geschlechterpolitische Positionen der AfD - eine Perspektive". Friedrich-Ebert-Stiftung.

———. 2015. „‚... die neurotische Phase überwinden, in der wir uns seit siebzig Jahren befinden'. Zur Differenz von Konservatismus und Faschismus am Beispiel der ‚historischen Mission' Björn Höckes (AfD)". Rosa-Luxemburg-Stifung.

Kerner, Ina. 2004. „Geschlecht". In *Politische Theorie: 22 umkämpfte Begriffe zur Einführung*, herausgegeben von Gerhard Göhler, Matthias Iser, und Irna Kerner, 137–54. Wiesbaden: VS Verlag für Sozialwissenschaften.

Kienpointner, Manfred. 1992. *Alltagslogik: Struktur und Funktion von Argumentationsmustern*. Stuttgart-Bad Cannstatt: Frommann-Holzboog.

———. 1996. *Vernünftig argumentieren: Regeln und Techniken der Diskussion*. Reinbek bei Hamburg: Rowohlt.

Kornexl, Klaus. 2008. *Das Weltbild der Intellektuellen Rechten in der Bundesrepublik Deutschland: dargestellt am Beispiel der Wochenzeitschrift Junge Freiheit*. München: Utz.

Kowalsky, Wolfgang, und Wolfgang Schroeder, Wolfgang, Hrsg. 1994. *Rechtsextremismus: Einführung und Forschungsbilanz*. Opladen: Westdeutscher Verlag.

Kracauer, Siegfried. 1930. *Die Angestellten: aus dem neuesten Deutschland*. Frankfurt am Main: Societäts-Verlag.

Kuhn, Inva. 2015. *Antimuslimischer Rassismus: auf Kreuzzug für das Abendland*. Köln: PapyRossa.

Kurz-Scherf, Ingrid. 2002. „Geschlechterdemokratie und Feminismus. Zur Notwendigkeit einer herrschaftskritischen Reformulierung eines Leitbegriffs". *femina politica*, Nr. 2011 (2): 42–51.

Lang, Juliane. 2010. „‚... diese Gemeinschaft von Frauen, unter Frauen, gemeinsam mit Frauen sitzen und sich besprechen und so weiter, tut Frauen einfach gut'. Frauen im Rechtextremismus". In *„Was ein rechter Mann ist ...": Männlichkeiten im Rechtsextremismus*, herausgegeben von Robert Claus, Esther Lehnert, und Yves Müller, 127–42. Berlin: Dietz.

———. 2013. „Frauenbilder in der NPD zwischen Modernisierung und traditionellen Vorstellungen". In *Gender und Rechtsextremismusprävention*, herausgegeben von Heike Radvan und Amadeu Antonio Stiftung, 89–104. Berlin: Metropol Verlag.

———. 2015b. „Familie und Vaterland in der Krise. Der extrem rechte Diskurs um Gender". In *Anti-Genderismus Sexualität und Geschlecht als Schauplätze aktueller politischer Auseinandersetzungen*, herausgegeben von Sabine Hark und Paula-Irene Villa, 167–81. Bielefeld: transcript.

Lang, Juliane, und Christopher Fritzsche. 2018. „Backlash, neoreaktionäre Politiken oder Antifeminismus? Forschende Perspektiven auf aktuelle Debatten um Geschlecht“. *Feministische Studien* 36 (2): 335–46.

Lang, Juliane, und Ulrich Peters. 2018a. *Antifeminismus in Bewegung: aktuelle Debatten um Geschlecht und sexuelle Vielfalt*. Hamburg: Marta Press.

———. 2018b. „Antifeminismus in Deutschland. Einführung und Einordnung des Phänomens.“ In *Antifeminismus in Bewegung: aktuelle Debatten um Geschlecht und sexuelle Vielfalt*, herausgegeben von Peters Ulrich und Juliane Lang, 13–36. Hamburg: Marta Press.

Laumann, Vivien, und Katharina Debus. 2018. „»Frühsexualisierung« und »Umerziehung«? Pädagogisches Handeln in Zeiten antifeministischer Organisierungen und Stimmungsmache“. In *Antifeminismus in Bewegung: aktuelle Debatten um Geschlecht und sexuelle Vielfalt*, herausgegeben von Juliane Lang und Ulrich. Peters, 275–302. Hamburg: Marta Press.

Leggewie, Claus. 1994. „Rechtsextremismus - eine soziale Bewegung?“ In *Rechtsextremismus: Einführung und Forschungsbilanz*, herausgegeben von Kowalsky, Wolfgang und Schroeder, Wolfgang, 325–38. Opladen: Westdeutscher Verlag.

Lehnert, Esther. 2010. „‚Angriff auf Gender Mainstreaming und Homo-Lobby‘ - der moderne Rechtsextremismus und seine nationalsozialistischen Bezüge am Beispiel der Geschlechterordnung“. In *„Was ein rechter Mann ist ...“: Männlichkeiten im Rechtsextremismus*, herausgegeben von Robert Claus, Esther Lehnert, und Yves Müller, 89–99. Berlin: Dietz.

Lent, Lilly, und Andrea Trumann. 2015. *Kritik des Staatsfeminismus*. Berlin: Bertz + Fischer.

Lenz, Ilse. 2013. „Geschlechterkonflikte um die Geschlechterordnung im Übergang: zum neuen Antifeminismus“. In *Gesellschaft. Feministische Krisendiagnosen*, herausgegeben von Erna Appelt, Brigitte Aulenbacher, und Angelika Wetterer, 204–22. Münster: Westpfälisches Dampfboot.

Lipset, Seymour Martin. 1959. „Der ‚Faschismus', die Linke, die Rechte und die Mitte". *Kölner Zeitschrift für Soziologie und Sozialwissenschaft*, Nr. 11: 401–44.

Lölhöffel, Helmut. 2007. „Die Interview-Falle. Wie die ‚Junge Freiheit' immer wieder Prominente und sogar Sozialdemokraten einspannte". In *Die Wochenzeitung „Junge Freiheit"*, herausgegeben von Stephan Braun und Ute Vogt, 271–82. Wiesbaden: VS Verlag für Sozialwissenschaften.

Machin, David, und Andrea Mayr. 2012. *How to Do Critical Discourse Analysis: A Multimodal Introduction*. Los Angeles: SAGE.

Mantino, Susanne. 1992. *Die „Neue Rechte" in der „Grauzone" zwischen Rechtsextremismus und Konservatismus: eine systematische Analyse des Phänomens „Neue Rechte"*. Frankfurt am Main: Lang.

Marcuse, Herbert. 1968. *Triebstruktur und Gesellschaft: ein philosophischer Beitrag zu Sigmund Freud*. Frankfurt: Suhrkamp.

Matouschek, Bernd, Ruth Wodak, und Franz Januschek, Hrsg. 1995. *Notwendige Maßnahmen gegen Fremde? Genese und Formen von rassistischen Diskursen der Differenz*. Passagen Diskursforschung. Wien: Passagen-Verlag.

Mautner, Gerlinde. 2008. „Analyzing Newspapers, Magazines and Other Print Media". In *Qualitative Discourse Analysis in the Social Sciences*, herausgegeben von Ruth Wodak und Michał Krzyżanowski, 30–53. Basingstoke: Palgrave Macmillan.

Mayring, Philipp. 2010. *Qualitative Inhaltsanalyse. Grundlagen und Techniken*. Weinheim: Beltz Verlag.

Metzger, Hanna-Ruth. 2004. *Rechtsintellektuelle Offensive: diskursstrategische Einflüsse auf die politische Kultur der Bundesrepublik Deutschland*. Münster: LIT.

Minkenberg, Michael. 1998. *Die neue radikale Rechte im Vergleich: USA, Frankreich, Deutschland*. Wiesbaden: VS Verlag für Sozialwissenschaften.

———, Hrsg. 2015. *Transforming the Transformation?: The East European Radical Right in the Political Process*. London: Routledge.

Mudde, Cas. 2007. *Populist Radical Right Parties in Europe*. Cambridge: Cambridge University Press.

Norocel, Ov Christian. 2010. „Romania Is a Family and It Needs a Strict Father: Conceptual Metaphors at Work in Radical Right Populist Discourses“. *Nationalities Papers* 38 (5): 705–721.

———. 2011. „Heteronormative Constructions of Romanianness: A Genealogy of Gendered Metaphors in Romanian Radical-Right Populism 2000–2009“. *Debatte: Journal of Contemporary Central and Eastern Europe* 19 (1–2): 453–470.

———. 2013. „“Give Us Back Sweden!” A Feminist Reading of the (Re)Interpretations of the Folkhem Conceptual Metaphor in Swedish Radical Right Populist Discourse“. *NORA - Nordic Journal of Feminist and Gender Research* 21 (1): 4–20.

———. 2016. „Disciplinary Intersections of Gender and Ethnicity in Populist Radical Right Media in Romania“. *Identities* 23 (2): 247–264.

Opitz-Belakhal, Claudia. 2008. „‚Krise der Männlichkeit‘ – ein nützliches Konzept der Geschlechtergeschichte?“ *L'Homme* 19 (2): 31–50.

Ottens, Svenja. 1997. „Eigene Motive, eigene Formen?“ In *Rechte Frauen: Skingirls, Walküren und feine Damen*, herausgegeben von Renate Bitzan, 191–214. Berlin: Elefanten-Press.

Overdieck, Ulrich. 2013. „Männlichkeitskonstruktionen in Diskursen der extremen Rechten“. In *Gender und Rechtsextremismusprävention*, herausgegeben von Heike Radvan und Amadeu Antonio Stiftung, 105–30. Berlin: Metropol Verlag.

Pfahl-Traughber, Armin. 1994. „Brücken zwischen Rechtsextremismus und Konservatismus“. In *Rechtsextremismus: Einführung und Forschungsbilanz*, herausgegeben von Wolfgang Kowalsky und Wolfgang Schroeder, Wolfgang, 160–84. Opladen: Westdeutscher Verlag.

———. 2012. „Die fehlende Trennschärfe des ‚Islamophobie‘-Konzepts für die Vorurteilsforschung“. In *Islamophobie und Antisemitismus - ein umstrittener Vergleich*, herausgegeben von Gideon Botsch, Olaf

Glöckner, Christoph Kopke, und Michael Spieker, 11–28. Berlin: De Gruyter.

Pfeiffer, Thomas, und Michael Puttkamer. 2007. „Warum das Land Nordrhein-Westfalen die ‚Junge Freiheit' in seinem Verfassungsschutzberichten geführt hat". In *Die Wochenzeitung „Junge Freiheit"*, herausgegeben von Stephan Braun und Ute Vogt, 57–76. Wiesbaden: VS Verlag für Sozialwissenschaften.

Pohl, Rolf. 2011. „Männer - das benachteiligte Geschlecht? Weiblichkeitsabwehr und Antifeminismus im Diskurs über die Krise der Männlichkeit". In *In der Krise?: Männlichkeiten im 21. Jahrhundert*, herausgegeben von Mechthild Bereswill und Anke Neuber, 104–35. Münster: Westfälisches Dampfboot.

Puar, Jasbir K. 2017. *Terrorist Assemblages: Homonationalism in Queer Times*. Durham ; London: Duke University Press.

Puhle, Gans Jürgen. 1989. „Konservatismus und Neo-Konservatismus: deutsche Entwicklungslinien seit 1945". In *Gegen Barbarei: Essays Robert M. W. Kempner zu Ehren*, herausgegeben von Robert M. W. Kempner, 399–423. Frankfurt am Main: Athenäum.

Ramsenthaler, Christina. 2013. „Was ist ‚Qualitative Inhaltsanalyse'?" In *Der Patient am Lebensende: Eine Qualitative Inhaltsanalyse*, herausgegeben von Martin Schnell, Christian Schulz, Harald Kolbe, und Christine Dunger, 23–42. Wiesbaden: Springer Fachmedien.

Reese, Dagmar. 1991. „Frauen im Nationalsozialismus. Opfer oder Täterinnen? Zu einer aktuellen Auseinandersetzung in der Frauenforschung zum Nationalsozialismus". In *„Du bist nichts, Dein Volk ist alles": Forschungen zum Verhältnis von Pädagogik und Nationalsozialismus*, herausgegeben von Christa Berg und Sieglind Ellger-Rüttgardt, 59–73. Weinheim: Deutscher Studien Verlag.

Reisigl, Martin. 2014a. „Diskursanalyse, Kritische". In *Diskurs-Netz: Wörterbuch der interdisziplinären Diskursforschung*, herausgegeben von Alexander Ziem, Martin Nonhoff, Johannes Angermüller, Daniel Wrana, und Martin Reisigl, 93–94. Berlin: Suhrkamp.

———. 2014b. „Diskursstrang“. In *DiskursNetz: Wörterbuch der interdisziplinären Diskursforschung*, herausgegeben von Alexander Ziem, Martin Nonhoff, Johannes Angermüller, Daniel Wrana, und Martin Reisigl, 119–20. Berlin: Suhrkamp.

Reisigl, Martin, und Ruth Wodak. 2001. *Discourse and Discrimination: Rhetorics of Racism and Antisemitism*. London: Routledge.

———. 2009. „The Discourse-Historical Approach (DHA)“. In *Methods of Critical Discourse Analysis*, herausgegeben von Ruth Wodak und Michael Meyer, 87–121. Los Angeles: SAGE.

Rommelspacher, Birgit. 1992. „Rechtsextremismus und Dominanzkultur“. In *„Ein Herrenvolk von Untertanen“: Rassismus, Nationalismus, Sexismus*, herausgegeben von Andreas Foitzik, 81–94. Duisburg: DISS.

Rosin, Hanna. 2013. *Das Ende der Männer und der Aufstieg der Frauen*. Berlin: Berlin-Verlag.

Ruf, Werner. 2014. *Der Islam: Schrecken des Abendlands. Wie sich der Westen sein Feindbild konstruiert*. Köln: PapyRossa.

Salheiser, Axel, Matthias Quendt, und Franziska Schmidtke. 2016. „Gefährdungen der demokratischen Kultur in Thüringen“. Friedrich-Schiller-Universität.

Sanders, Eike, Ulli Jentsch, und Felix Hansen. 2014. *„Deutschland treibt sich ab“: Organisierter „Lebensschutz“, christlicher Fundamentalismus und Antifeminismus*. Münster: Unrast.

Sauer, Birgit. 2001. *Die Asche des Souveräns: Staat und Demokratie in der Geschlechterdebatte*. Frankfurt: Campus-Verlag.

———. 2010. „Das Geschlecht der Finanz- und Wirtschaftskrise : eine Intervention in aktuelle Krisendeutungen“. *Kurswechsel : Zeitschrift für gesellschafts-, wirtschafts- und umweltpolitische Alternativen*, Nr. 1: 38–46.

Schmincke, Imke. 2015. „Das Kind als Chiffre politischer Auseinandersetzungen am Beispiel neuer konservativer Protestbewegungen in Deutschland und Frankreich“. In *Anti-Genderismus. Sexualität und Ge-*

schlecht als Schauplätze aktueller politischer Auseinandersetzungen, herausgegeben von Sabine Hark und Paula-Irene Villa, 93–108. Bielefeld: transcript.

Segal, Lynne. 1999. *Why Feminism?: Gender, Psychology, Politics*. Cambridge: Polity Press.

Siller, Gertrud. 1997. *Rechtsextremismus bei Frauen: Zusammenhänge zwischen geschlechtsspezifischen Erfahrungen und politischen Orientierungen*. Opladen: Westdeutscher Verlag.

Stögner, Karin. 2014. *Antisemitismus und Sexismus: historisch-gesellschaftliche Konstellationen*. Baden-Baden: Nomos.

Stöss, Richard. 1994. „Forschungs- und Erklärungsansätze - ein Überblick“. In *Rechtsextremismus: Einführung und Forschungsbilanz*, herausgegeben von Wolfgang Kowalsky und Wolfgang Schroeder, Wolfgang, 23–68. Opladen: Westdeutscher Verlag.

———. 2009. *Rechtsextremismus, Sexismus und Gender Gap*. Berlin: Freie Universität Berlin.

Theweleit, Klaus. 1980. *Männerphantasien. 1, Frauen, Fluten, Körper, Geschichte.* Reinbeck: Rororo.

Thürmer-Rohr, Christina. 1983. „Aus der Täuschung in die Ent-Täuschung. Zur Mittäterschaft von Frauen“. *Beiträge zur feministischen Theorie und Praxis*, Nr. 8: 11–25.

Timmermanns, Stefan, und Elisabeth Tuider. 2008. *Sexualpädagogik der Vielfalt: Praxismethoden zu Identitäten, Beziehungen, Körper und Prävention für Schule und Jugendarbeit*. Weinheim ; München: Juventa-Verlag.

Titscher, Stefan, Ruth Wodak, Michael Meyer, und Eva Vetter. 1998. „Textanalysemethoden in Kurzdarstellung“. In *Methoden der Textanalyse: Leitfaden und Überblick*, herausgegeben von Stefan Titscher, Ruth Wodak, Michael Meyer, und Eva Vetter, 73–218. Wiesbaden: VS Verlag für Sozialwissenschaften.

Trumann, Andrea. 2002. *Feministische Theorie: Frauenbewegung und weibliche Subjektbildung im Spätkapitalismus*. Stuttgart: Schmetterling-Verlag.

Tuider, Elisabeth. 2016. „Diskursive Gemengelagen. Das Bild vom ‚reinen, unschuldigen Kind' in aktuellen Sexualitätsdiskursen". In *Sexualpädagogik kontrovers*, herausgegeben von Anja Henningsen, Elisabeth Tuider, und Stefan Timmermanns, 176–93. Weinheim: Beltz Juventa.

Ullrich, Peter. 2008. „Diskursanalyse, Diskursforschung, Diskurstheorie. Ein- und Überblick". In *Kritik mit Methode?: Forschungsmethoden und Gesellschaftskritik*, herausgegeben von Ulrike Freikamp, Matthias Leanza, Janne Mende, Stefan Müller, Peter Ullrich, und Heinz-Jürgen Voß, 19–32. Berlin: Dietz.

Van Eemeren, Frans H. van, und Robert Grootendorst. 1992. *Argumentation, Communication, and Fallacies: A Pragma-Dialectical Perspective*. Hillsdale: Erlbaum.

Veichtlbauer, Judith, und Karin Liebhardt. 1997. „Weiblichkeitsbilder in neokonservativen und rechtsextremen Diskursen". In *Sehnsucht nach Schicksal und Tiefe: der Geist der konservativen Revolution*, herausgegeben von Ilse Korotin und Volker Eickhoff, 128–47. Wien: Picus-Verlag.

Venner, Michael. 1994. *Nationale Identität: die Neue Rechte und die Grauzone zwischen Konservatismus und Rechtsextremismus*. Köln: PapyRossa.

Villa, Paula-Irene. 2011. *Sexy Bodies*. Wiesbaden: VS Verlag für Sozialwissenschaften.

Villa, Paula-Irene, und Sabine Hark. 2015. „‚Eine Frage an und für unsere Zeit' Verstörende Gender Studies und symptomatische Missverständnisse". In *Anti-Genderismus Sexualität und Geschlecht als Schauplätze aktueller politischer Auseinandersetzungen*, herausgegeben von Sabine Hark und Paula-Irene Villa, 16–39. Bielefeld: transcript.

Virchow, Fabian. 2012. „Islamkritik - Islamophobie - Antimuslimismus - Antimuslimischer Rassismus. Zur Begrifflichkeit eins viel diskutierten Phänomens". In *Das Geschäft mit der Angst: Rechtspopulismus, Muslimfeindlichkeit und die extreme Rechte in Europa*, herausgegeben von Alexander Häusler und Hans-Peter Kilguss, 15–20. Köln: NSDOK.

Waldraff, Felix. 1953. „Konservativ und reaktionär“. *Gewerkschaftliche Montashefte*, Nr. 01: 35–38.

Walgenbach, Gabriele Dietze, Antje Hornscheidt, und Kerstin Palm. 2007. „Einleitung“. In *Gender als interdependente Kategorie: neue Perspektiven auf Intersektionalität, Diversität und Heterogenität*, herausgegeben von Katharina Walgenbach, Gabriele Dietze, Antje Hornscheidt, und Kerstin Palm, 7–22. Opladen: Budrich.

Weber, Regina. 2012. *Rechtsextremistinnen: zwischen Kindererziehung und nationalem Kampfauftrag*. Berlin: Metropol-Verlag.

Weiss, Gilbert, und Ruth Wodak. 2003. „Introduction: Theory, Interdisciplinarity and Critical Discourse Analysis“. In *Critical Discourse Analysis: Theory and Interdisciplinarity*, herausgegeben von Gilbert Weiss und Ruth Wodak, 1–34. Basingstoke: Palgrave Macmillan.

Wengeler, Martin. 2003. „Argumentationstopos als sprachwissenschaftlicher Gegenstand. Für eine Erweiterung linguistischer Methoden bei der Analyse öffentlicher Diskurse“. In *Sinnformeln: linguistische und soziologische Analysen von Leitbildern, Metaphern und anderen kollektiven Orientierungsmustern*, herausgegeben von Susan Geideck und Wolf-Andreas Liebert, 59–82. Berlin: de Gruyter.

West, Candace, und Don H. Zimmerman. 1987. „Doing Gender“. *Gender and Society* 1 (2): 125–51.

Wetterer, Angelika. 2014. „Rhetorische Modernisierung und institutionelle Reflexivität. Die Diskrepanz zwischen Alltagswissen und Alltagspraxis in arbeitsteiligen Geschlechterarrangements“. *Freiburger FrauenStudien*, Nr. 16: 75–96.

Winkler, Gabriele. 2013. „Zur Krise sozialer Reproduktion“. In *Jahrbuch 2013*, herausgegeben von Denknetz, 119–33. Zürich: edition 8.

Winter, Bernd. 2004. *Gefährlich fremd: Deutschland und seine Einwanderung*. Freiburg: Lambertus.

Wodak, Ruth. 2016. *Politik mit der Angst: zur Wirkung rechtspopulistischer Diskurse*. Wien: Edition Konturen.

Wodak, Ruth, Florian Menz, und Richard Mitten. 1994. *Die Sprachen der Vergangenheiten: öffentliches Gedenken in österreichischen und deutschen Medien*. Frankfurt am Main: Suhrkamp.

Wodak, Ruth, und Michael Meyer. 2009. „Critical Discourse Analysis: History, Agenda, Theory and Methodology". In *Methods of Critical Discourse Analysis*, herausgegeben von Ruth Wodak und Michael Meyer, 1–33. Los Angeles: SAGE.

Wodak, Ruth, Peter Nowak, und Johanna Pelikan. 1990. *Wir sind alle unschuldige Täter! Diskurshistorische Studien zum Nachkriegsantisemitismus*. Frankfurt am Main: Suhrkamp.

Wodak, Ruth, Maria Kargl, Rudolf De Cillia, Martin Reisigl, Karin Liebhardt, und Klaus Hofstätter, Hrsg. 1998. *Zur diskursiven Konstruktion nationaler Identität*. Frankfurt am Main: Suhrkamp.

Wrana, Daniel. 2014. „Diskursanalyse jenseits von Hermeneutik und Strukturalismus". In *Diskursforschung. Ein interdisziplinäres Handbuch*, herausgegeben von Johannes Angermüller, Martin Nonhoff, und Martin Reisigl, 511–36. Bielefeld: transcript.

Zick, Andreas, Carina Wolf, Beate Küpper, Eldad Davidov, Peter Schmidt, und Wilhelm Heitmeyer. 2008. „The Syndrome of Group-Focused Enmity: The Interrelation of Prejudices Tested with Multiple Cross-Sectional and Panel Data". *Journal of Social Issues* 62 (2): 363–83.

Juliane Lang, Ulrich Peters (Hg.):
Antifeminismus in Bewegung
Aktuelle Debatten um
Geschlecht und sexuelle Vielfalt
Marta press

Maskulist/innen, neurechte Populist/innen, christliche Fundamentalist/innen und organisierte Neonazis vertraten immer schon geschlechter- und familienfundamentalistische Positionen und nehmen aktuell stärker denn je aufeinander Bezug. Mit Erfolg: In Debatten um Geschlechter- und Gleichstellungspolitik finden sich zunehmend feindbildgesonnene, antifeministische Narrative davon, was „der Feminismus“ oder an geschlechtlicher Vielfalt orientierte Gleichstellungspolitik denn sei.

Der Sammelband setzt sich mit dieser Entwicklung kritisch auseinander. Antifeminismus ist kein einheitliches politisches Projekt: viel mehr wird er von seinen Akteur/innen zu diesem gemacht. Die im Band versammelten Beiträge geben einen systematischen Einblick in die unterschiedlichen Strömungen und die sie tragenden Organisationen. In Anbetracht der Fülle antifeministischer Akteur/innen, Positionen und Aktionen, werden zentrale Themenfelder und Strategien benannt und kontextualisiert sowie Diskurse und Öffentlichkeitsfelder – in denen diese wirken – beleuchtet. Ziel ist es, die Tragweite des organisierten Antifeminismus zu illustrieren und einen Beitrag in der Diskussion um Gegenstrategien zu liefern.

Juliane Lang, Ulrich Peters (Hg.):
Antifeminismus in Bewegung
Aktuelle Debatten um Geschlecht und sexuelle Vielfalt

Marta Press 2018, 336 Seiten
ISBN: 978-3-944442-52-5
20,00 € (D), 22,00 € (AT), 24,00 CHF UVP (CH)

Substanz
Judith Goetz, Joseph Maria Sedlacek, Alexander Winkler (Hg.):
Untergangster des Abendlandes
Ideologie und Rezeption der rechtsextremen ‚Identitären'
Marta press

Die rechtsextremen ‚Identitären' gehören ohne Zweifel zu den wichtigsten Akteur*innen des außerparlamentarischen Rechtsextremismus in Österreich. Ihr „Erfolgsrezept" liegt einerseits darin begründet, sich nach außen hin vom Nationalsozialismus abzugrenzen und so behördlicher Repression nach dem „Verbotsgesetz" aus dem Weg zu gehen und andererseits gesellschaftlich anschlussfähige Konzepte eines modernisierten völkischen Nationalismus zu propagieren. Dabei bedienen sie sich eines Straßenaktivismus, der geschickt mit Social-Media-Tools inszeniert und verbreitet wird.
Bisherige Auseinandersetzungen mit diesem relativ jungen Phänomen übernahmen nicht selten unkritisch Selbstbezeichnungen der ‚Identitären' als „weder links noch rechts" oder „Neue Rechte" und ließen dahinter stehende ideologische Denkmuster meist zu kurz kommen.
Der vorliegende Sammelband nimmt daher eine kritische Analyse dieser Selbstinszenierungen vor, indem die hinter dem ‚identitären' Denken stehenden Vordenker und Ideologeme wie (Neo-)Rassismus, Antisemitismus und Nationalismus analytisch durchdrungen und mit anderen Formen des Rechtsextremismus in Verbindung gesetzt werden. Ergänzend werden bislang vernachlässigte Themen wie subkulturelle Bezüge der ‚Identitären', propagierte Geschlechterbilder, Rhetoriken der Angst sowie ihr Verhältnis zu Islamismus und eurasischer Ideologie ins Zentrum der Analyse gerückt. Dabei wird auch der Frage nachgegangen, wie sich der rechtsextreme Charakter der ‚Identitären' begründen lässt und inwiefern von einer modernisierten Form des Rechtsextremismus gesprochen werden kann.

Judith Goetz, Joseph Maria Sedlacek, Alexander Winkler (Hg.):
Untergangster des Abendlandes
Ideologie und Rezeption der rechtsextremen ‚Identitären'

Marta Press 2017, 436 Seiten
ISBN: 978-3-944442-68-6
20,00 € (D), 20,00 € (AT), 22,00 CHF UVP (CH)

Substanz
Rebekka Blum
Angst
um die Vormacht
stellung
Zum Begriff und zur Geschichte
des deutschen Antifeminismus
Marta press

Der Antifeminismus formierte sich im deutschen Kaiserreich im Kampf gegen das Wahlrecht von Frauen und hat somit eine historische Kontinuität. In der Sozialforschung und in feministischen Bewegungen hat sich seit den 1990er Jahren der Begriff zunehmend etabliert, aber was und vor allem wer ist darunter zu fassen? Rebekka Blum schlägt die Brücke zwischen der Forschung zum historischen und gegenwärtigen Antifeminismus und arbeitet die Bedeutung von Antifeminismus als ideologische Klammer konservativer, christlich-fundamentalistischer und (extrem) rechter Strömungen heraus. Hierzu untersucht sie die Ergebnisse einschlägiger geschichts- und sozialwissenschaftlicher Forschung der Gegenwart und liefert so einen systematischen Überblick zur Entwicklung des Phänomens, seinen AkteurInnen und Diskursen sowie Erklärungen für das Erstarken antifeministischer Bewegungen. Auf diesem Weg gelingt es ihr, eine gebündelte Definition vom Begriff des Antifeminismus zu entwickeln, um von dort aus den Blick auf mögliche feministische Interventionen zu richten. Die Studie von Rebekka Blum eignet sich sowohl als Einstiegslektüre als auch zur Vertiefung zum Thema Antifeminismus.

Diese Studie wurde 2019 im Rahmen der FORENA-Nachwuchspreisverleihung mit einer Würdigung ausgezeichnet.

Rebekka Blum:
Angst um die Vormachtstellung
Zum Begriff und zur Geschichte des deutschen Antifeminismus

Marta Press 2019, 140 Seiten
ISBN: 978-3-944442-90-7
18,00 € (D), 20,00 € (AT), 22,00 CHF UVP (CH)

Bellevue
Emily Williams
TAG X
EIN GUT GEMACHTER FAKE
Marta
press

Eine selbstbewusste, internetaffine Frau, fast 50, trifft sich aus purer Abenteuerlust mit einem populären Blogger, der verhaltensauffällig ist und mindestens ein Suchtproblem hat. Ihr Date endet weder mit Sex noch mit einer Beziehung, doch durch das Treffen wird sie inspiriert. Sie plant einen großen Coup am Tag X gegen die stetig wachsenden Facebook-Fangruppen der AfD vor der Bundestagswahl 2017. Trotz ihrer unterschiedlichen politischen Ansichten zeigt sie Emphatie bei dem Niedergang des Mannes. Und gleichzeitig ist sie Strategin: Sie beschreibt ihren Weg, die Hetze und die Fake News der AfD bei Facebook abzuschalten. Wenigstens zeitweise. Humorvoll und dennoch mit ernstem Hintergrund wird hier widerständige, linke Netzgeschichte dokumentiert.

Emily Williams:
Tag X. Ein gut gemachter Fake

Marta Press, April 2019
160 Seiten
ISBN: 978-3-944442-42-6
18,00 € (D), 20,00 € (AT), 22,00 CHF UVP (CH),